中等职业学校学生综合职业素养系列教材

学生就业创业指导与训练

XUESHENG JIUYE CHUANGYE
ZHIDAO YU XUNLIAN

史晓鹤 程彬 杨桂华 主编
陈济 王珂 何健勇 副主编

人民邮电出版社
北 京

图书在版编目（CIP）数据

学生就业创业指导与训练 / 史晓鹤，程彬，杨桂华
主编. -- 北京 ：人民邮电出版社，2014.2（2020.1重印）
ISBN 978-7-115-32688-1

Ⅰ. ①学… Ⅱ. ①史… ②程… ③杨… Ⅲ. ①职业选
择－中等专业学校－教材 Ⅳ. ①G717.38

中国版本图书馆CIP数据核字(2013)第180583号

内 容 提 要

本书共通过就业准备、初入职场、职场发展和创业导航四个单元，为即将成为职业人的学生进行有关求职和就业的指导与训练。每个单元分几课展开，全书共 18 课，每一课都包括案例导入、活动体验、探究明理、综合测试几个模块，并穿插各种实用技巧，能丰富学生的经验阅历，帮助学生更好地完成学生到职业人的转换。

本书适合作为中等职业院校就业指导相关课程的教材，也可供即将就业的人员参考阅读。

◆ 主　　编　史晓鹤　程　彬　杨桂华
　　副主编　陈　济　王　珂　何健勇
　　责任编辑　王亚娜
　　执行编辑　刘　佳
　　责任印制　张佳莹　焦志炜

◆ 人民邮电出版社出版发行　　北京市丰台区成寿寺路 11 号
　　邮编　100164　电子邮件　315@ptpress.com.cn
　　网址　http://www.ptpress.com.cn
　北京九州迅驰传媒文化有限公司印刷

◆ 开本：787×1092　1/16
　　印张：13.25　　　　　　　　2014 年 2 月第 1 版
　　字数：273 千字　　　　　　2020 年 1 月北京第 7 次印刷

定价：35.00 元

读者服务热线：(010)81055256　印装质量热线：(010)81055316
反盗版热线：(010)81055315

学生就业创业指导与训练编委会

目录

绪论

寄准职业人

亲爱的同学们：

当你看到这一页时，或许你即将和学生时代挥手告别，步入职业人世界，进入一个充满挑战的工作世界。

同学，你坐过过山车吗？当你买了票，匆匆汇入排队的人流，空中的尖叫声让你感到非常刺激。终于轮到你了，在"喀哒喀哒"的链条声中，你随着车厢缓缓爬升，越来越高，越来越陡，脚下的人群越来越远，越来越小。你隐约意识到有些事情将要发生，就在你抵达最高点的瞬间，你突然下坠，落入了无底的深渊……这个时候的感觉，是叫不出，停不了，上不去，也下不来，只有一种濒临死亡的失重……你还来不及体验到任何的乐趣，一切就已经结束了。

你可能感到恐慌，以后再也不玩了；也可能不服输："让我再玩一次，我肯定能找到感觉！"但是，亲爱的同学们，人生的"过山车"和那些可以重来的游戏不一样，你只能"玩"一次。

如何"玩"好这个人生的"过山车"，你需要经历三大历程：生活历程、学习历程、工作历程。相信三大历程的顺风顺水一定是你的最大期望了。而现在我们就要和你探讨工作历程如何能够顺风顺水！

相信你要的绝不是那些人人皆知的"废话"，而是只有少数"骨灰级"玩家才知道的攻略。而接下来你看到、听到、体验到的是在职场上摸爬滚打半辈子的超级玩家们为你准备的一套顶级攻略。

你可能很好奇，为什么在工作职场中有人玩得好，有人玩得差；有人顺风顺水，有人一生蹉跎；有人成功，有人失败；有人事半功倍，有人事倍功半……是的，你有很多很多的好奇与未知。不急，慢一些，这本攻略将给你一一解答。但更重要的是，你怎样能用好这本攻略，怎样让自己也能拥有攻略上的"功力"？

有这样一个故事在职场中经常被引用与传播：有一户人，家里的锅炉坏了，尽管他费尽九牛二虎之力修了几个月，但就是修不好。最后，他不得不请来一个专家。专家来到他家以后，观察了几分钟锅炉的使用环境，然后在锅炉的一侧轻轻地敲击了一下，锅炉竟然就修好了。专家递出一个账单，是一笔很昂贵的修理费。然而这户人家认为专家花了不到几分钟，却要价昂贵，太不值得了，就开始讨价还价。专家平静地告诉那个男人，他之所以收取那些费用，不是因为他敲一下锅炉花了多少时间，而是因为多年的实践经验让他知道往哪儿敲。

看完这个故事你注意到了什么？

和这个专家敲锅炉一样，这本手册描述的方法非常简单，不需要背，也不需要记，只要体验与实践参与。这可能毫不费力，关键是，你要知道在哪儿"敲"。

其实，有效果比有道理更重要。职场学习的本质就是将静态的知识转化为更加有效的方法，创造性地解决我们在生活和职场中所遇到的实际问题。

我相信你一定同意：学习游泳的时候，如果不去实践，即使将世界上所有关于游泳方面的书都倒背如流，进入大海照样会被淹死。关于这门课程的学习也是如此：职场能力不是看书看出来的，不是坐在教室听课听出来的，而是动手、参与、体验、感悟出来的。

那么，就让我们从这里开始，踏上就业与创业的准备之路吧！

编者

一两重的参与重于一吨重的说教。

——戴尔·卡耐基

"准职业人"注册

姓名：＿＿＿＿＿＿＿＿＿

班级：＿＿＿＿＿＿＿＿＿

呢称：＿＿＿＿＿＿＿＿＿

生日：＿＿＿＿＿＿＿＿＿

QQ：＿＿＿＿＿＿＿＿＿

邮箱：＿＿＿＿＿＿＿＿＿

我的特点：

＿＿＿＿＿＿＿＿＿＿＿＿＿＿＿＿＿＿＿＿＿＿＿＿＿＿＿

＿＿＿＿＿＿＿＿＿＿＿＿＿＿＿＿＿＿＿＿＿＿＿＿＿＿＿

＿＿＿＿＿＿＿＿＿＿＿＿＿＿＿＿＿＿＿＿＿＿＿＿＿＿＿

＿＿＿＿＿＿＿＿＿＿＿＿＿＿＿＿＿＿＿＿＿＿＿＿＿＿＿

＿＿＿＿＿＿＿＿＿＿＿＿＿＿＿＿＿＿＿＿＿＿＿＿＿＿＿

第一课

就业启航

【案例导入】

在春秋战国时期，有一个名叫庖丁的厨师为梁惠王宰牛，他手法娴熟，技术高明。

梁惠王说："好啊！你的技术怎么会高明到这样的程度呢？"

厨师放下刀子回答说："我所遵从的是自然规律，在这方面已经超过了对于宰牛技术的追求。当初，我刚开始宰牛的时候，对于牛体的结构还不熟悉，与一般人一样，看到的是整头的牛。宰牛三年之后，技术渐长，我就能见到牛的内部肌理筋骨器官了。而如今，我只是用感觉与牛接触，根本不用眼睛去看就能顺利完成。在宰牛的过程中，只要顺着牛体的肌理结构，劈开筋骨间大的空隙，我都是沿着骨节间的空穴使刀。宰牛的刀动作精细，从来不会碰到牛肌肉和肌肉聚结的地方，更不会碰到大腿上的大骨头了。我知道，技术高明的厨工每年换一把刀，是因为他们用刀子去割肉。而技术一般的厨工每月换一把刀，是因为他们用刀子去砍骨头。现在我的这把刀已用了十九年了，宰牛数千头，而刀口锋利得却像刚从磨刀石上磨出来一样。"

庖丁解牛

【议一议】

1. 庖丁解牛达到了"刀刀到位，轻松简单"的境界，你认为他是怎样做到的？
2. 庖丁解牛的故事对我们进入职场的成长有哪些启发？

活 动 体 验

【活动目的】

通过进入学校与进入企业时的感受对比，使学生深刻掌握进入新环境应该思考维度与学习方法，了解本课程众多训练和学习的逻辑脉络，对学生后续发展的意义，引导学生的学习意愿。

【活动时间】

70 分钟左右。

【活动道具】

大白纸和马克笔。

【活动步骤】

● 挑战一：新校园生活学习攻略图

关卡情境：每年九月，新生进入学校校园，开始三年的学习生活。这时的你已经是一名二年级的学生，你们班接到一个任务，接待新生并帮助他们以最快的速度适应校园生活。

冲关要求：小组讨论制作一份新校园生活学习攻略图。

冲关时间：15 分钟。

冲关步骤：

1. 按要求分成以 8 人为单位的冲关战斗小组。

2. 在老师的引导下，回忆当年做为一名一年级新生进入校园的情景。

3. 讨论：当年自已刚进入校园时面对的种种问题，从熟悉到不熟悉的时间周期以及熟悉的方式方法。

4. 讨论：如果让你现在指导刚进校的学弟学妹们，你将怎么做才能使他们会更快地适应商校的全新校园生活?

5. 画出一张《新校园生活学习攻略图》。

6. 冲关战斗小组呈现分享《新校园生活学习攻略图》。

冲关提示: 全新校园生活内容包含: 校园人文关系、校园环境、班级环境、宿舍环境、学习任务、师生关系、同学关系等。

● 挑战二: 我的职场生存攻略

关卡情境:

进入二年级了, 毕业的脚步越来越近, 我们即将踏入社会, 毕业后我们将面对崭新的职场环境。假如你进入一家企业, 你最希望的事情有哪些? 最担心的事情有哪些?

冲关要求: 小组讨论制作一份职场工作生活攻略图。

冲关时间: 15分钟。

冲关步骤:

1. 保留8人为单位的冲关战斗小组。

2. 在老师的引导下, 畅想作为一名毕业生进入职场第一年的情景。

3. 讨论: 刚进入职场将要面对种种问题, 你打算怎样适应全新的职场生活?

4. 画出一张《职场工作生活攻略图》。

5. 冲关战斗小组呈现分享《职场工作生活攻略图》。

冲关提示: 全新职场内容包含: 企业人文关系、企业环境、部门环境、办公位环境、工作任务职责、领导关系、同事关系等。

● 挑战三: 校园 VS 职场

关卡情境: 两份攻略好像有着某种内在的关联, 你能从中发现《新校园生活学习攻略图》与《职场工作生活攻略图》之间的内在对应关系吗?

冲关要求: 小组讨论制作一份职场工作生活攻略图。

冲关时间: 10分钟。

冲关步骤:

1. 保留8人为单位的冲关战斗小组。

2. 讨论: 发现《新校园生活学习攻略图》与《职场工作生活攻略图》之间的对应关系了吗?

附：对应图参考表格

校园环境	职场环境	校园环境	职场环境
VS		VS	
VS		VS	
VS		VS	
VS		VS	
VS		VS	

3. 画出一张对应图。

4. 冲关战斗小组呈现分享《对应图》。

【体验分享】

1. 当你发现校园与职场的联系时，你有什么感受？

2. 通过这三轮挑战，你是否可以将熟悉校园攻略的经验借鉴到熟悉职场的攻略中？

3. 在剩下的校园学习生活中，你还能为进入职场做哪些准备？

探 究 明 理

📖 了解规律，方能事半功倍

虽然每个人的生活方式各异，面对的环境也各不相同，但其生存发展的原理是近似的。庖丁因为熟悉了牛的肌理，自然懂得何处下刀。生活也一样，如果能透析、领悟生活的道理，摸准了其中的规律，就能和庖丁一样，做到化繁为简，轻松应对一切。

作为"准职业人"的你，马上就要进入职场，或许对工作有无限的期望，也可能有一些不安或焦虑。我们应该怎样掌握职场的机理和规律呢？

通过三轮挑战冲关之后，我们不难发现：进入校园、适应校园是有规律可循的，而这个规律与进入社会、职场的规律有着惊人的相似，我们可以通过进入校园、适应校园的过程了解进入职场、适应企业的基本思路。这个规律就是职场攻略。

本课程就是指导在校生把握手中现有的资源、政策与机会，提前着手准备，通过有序的投入与体验使我们在职业选择和职业发展上都能够少遇风险、少走弯路；引领同学们去认识职场、认识企业，让同学们能零距离的对接职场和企业，为成为一名真正的职业人打下基础。

📖 了解全景图，做到胸有成竹

在开始我们的旅程之前，我们先来了解一下这本手册的全景图。

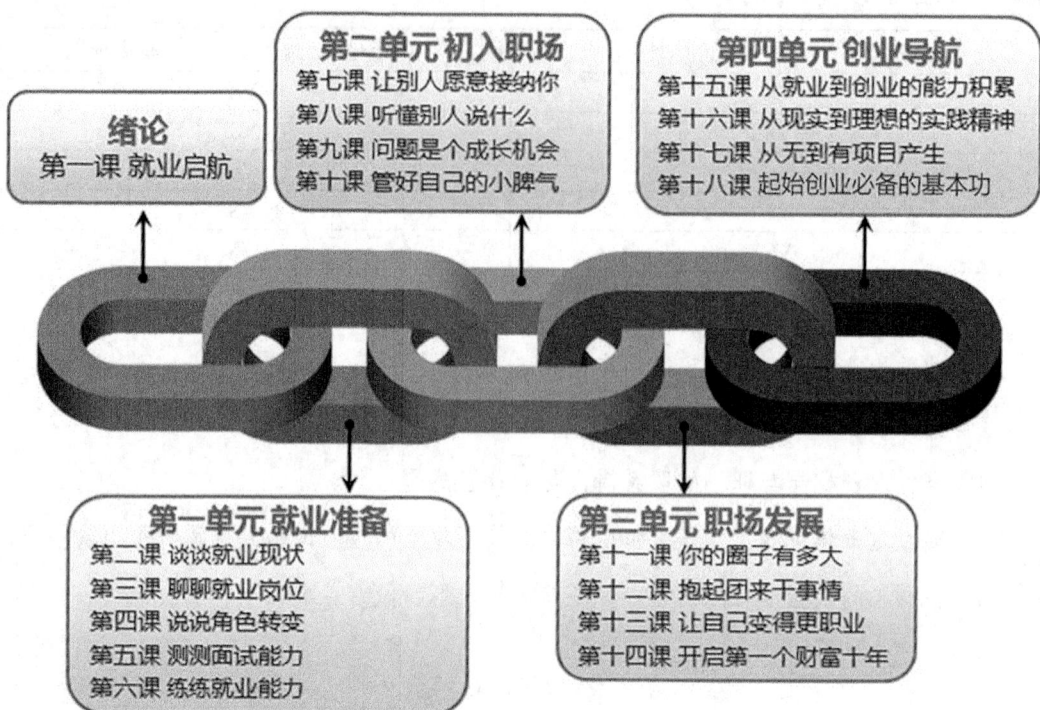

第二单元 初入职场
第七课 让别人愿意接纳你
第八课 听懂别人说什么
第九课 问题是个成长机会
第十课 管好自己的小脾气

第四单元 创业导航
第十五课 从就业到创业的能力积累
第十六课 从现实到理想的实践精神
第十七课 从无到有项目产生
第十八课 起始创业必备的基本功

绪论
第一课 就业启航

第一单元 就业准备
第二课 谈谈就业现状
第三课 聊聊就业岗位
第四课 说说角色转变
第五课 测测面试能力
第六课 练练就业能力

第三单元 职场发展
第十一课 你的圈子有多大
第十二课 抱起团来干事情
第十三课 让自己变得更职业
第十四课 开启第一个财富十年

通过上图，我们可以了解到本书众多训练和学习的逻辑脉络，这能让我们更好、更清晰地学习课程。

第一单元就业准备。将从我们日常生活中一些必需品的生产或形成过程，去理解企业的存在和价值，并初步了解企业生存是源于社会的发展需求，进而理解一名员工只有了解自己的岗位在企业岗位群中的上下游位置和作用，才能真正地理解自己的岗位职责，才能主动做分内的事情，最终让我们全方位地了解我们将要去的工作场所——企业中同学们最真实的一面。

第二单元初入职场。在职场上，我们常常会碰到这些情况：

——自己经常加班，但仍不是领导心中的好员工；

——自己的工作按要求完成了，领导还是不满意；

——自己好心在办公室说个笑话，调节一下紧张的气氛，但同事们却不领情……

当别人不接纳一个人的时候，个人通常会选择停止探索，开始抱怨、批评、对立等不友好的举动，而这样的举动无疑把自己进一步推向不被人接受的险境甚至是绝境。

本单元就是基于企业发展的前提下，讨论如何提升沟通能力、团队合作能力、服务意识和解决问题的能力，最终成为能承担、会服务、被信任的人，成为企业愿意接纳的员工。同样的工作，不同职业心态的两个人去做，就是两种不同的境界和结果，你想要哪种结果呢？本部分内容就是让你体会职业心态的重要性，掌握调整心态的方法和技巧。

　　第三单元职场发展。一个人心有多大，舞台就有多大。心的开放度就是职业的开放度。个人在前进时会遇到很多的路口，向左走还是向右走会对后边的路产生影响。而你做的每个选择都会符合你的更长远目标吗？目标越长远在你做选择的时候才会越从容。那么，在你的发展过程中，你用什么样的标准评价自己的努力和规划自己的方向呢？本单元就是与学生共同探讨这些内容。

　　第四单元创业导航。在社会信息爆炸的时代，让很多人对理想与目标的达成产生了投机与走捷径的想法。这一单元的内容让我们理解做任何事情都需要对自己的目标持续投入，并且在不断的投入中获得对社会认知、与社会互动的能力以及创造业绩的良好习惯。也就是说每一个过程的投入实际已经为下一次的发展奠定了机会，这种持续的状态就是引导我们要理解的创业精神。同时指引同学们在体验创业过程中，了解一家企业从无到有，从小到大的过程及创业者必须要具备的素质。

　　本书通过以上四个单元的内容，使同学们掌握在职场立足、生存和发展的基础知识和有效方法，同学们经过一个学期的闯关和学习后，不仅能树立正确的职业观、择业观，为养成对接企业的工作习惯而奠定基础，以便更好地为就业、创业做好准备。

　　看完以上课程安排的介绍后，请同学们认真地想一想：

　　1. 我将用什么样的心态和方式去学习这门课程？

　　2. 认真地参与本书的课程体验之后，我将会成为怎样的毕业生？

　　3. 我三年之后的职业目标是什么？

📖 积极参与，全新的学习方式

　　任何人的幸福、爱、舒适都不是别人给予的，而是由自己在不断的经历中创造出来的。我们所处学生时代的成长也同样具有这样的特征。从静态的知识、理论的学习，到即将走出校园而面临的动态社会，我们需要通过这样一堂堂指导训练课，给我们更多把握自己、成就自己的渠道和机会。

　　这是一种全新的学习方式，可能跟以往的学习有一些不同，但不用担心，因为这本手册的学习方式，你完全能够做到驾轻就熟，下面是一些学习的建议和方法。

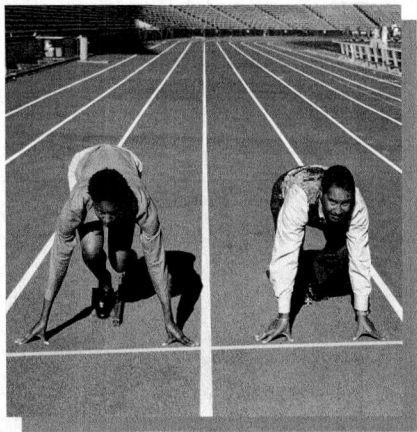

　　第一，制定你的目标。目标非常重要，当你明确地知道自己想要的是什么，你才能得到什么；你不知道自己追求的是什么，自然什么也得不到。目标界定了你所要追求的结果，是你努力奋斗的理由。没有目标或者失去目标，就没有了着力点，到头来终将一事无成。你可以制定自己的职场目标、学习目标和成长目标。

所以在开始学习之前，先来为自己的未来做一个目标愿景卡。目标愿景不是一下子写到位的，在每个章节的后面有一个愿望回顾的内容，每次学完一个章节就将其完善并写在上面，在每个章节中不断完善和反思目标的达成情况，这将作为本课评价的一项重要内容。

第二，积极参与课堂中的体验活动及挑战，因为它们是模拟职场的情景，让你有零距离触摸职场的感觉。

第三，和身边的人不断地分享你的收获，分享得越多，你的收获就越大。在和同学沟通交流的过程中，你能不断地碰撞出新的灵感和火花。

第四，不放过每一次课下的挑战活动，它是你最好的验金石，让你知道你与职业人的真正距离，让你认识自己的现状，缩短校园与职场的距离。

第五，不放过身边的每一位职业人，包括老师、学哥学姐、父母……他们是职场的过来人，他们亲身体验过职场，跟他们交流，你会获悉职场的第一手资料，从中学习借鉴好的经验做法，汲取教训。

【拓展训练】

制 定 目 标

【活动主题】

为自己的未来制定一个目标。

【活动目的】

1. 制定目标，知道自己想要追求什么。

2. 明确学习本课的目标。

_____ 目标愿景卡			
三年后，我想达到的目标是：			
总目标 （至少 3 个）	1.	2.	3.
达到目标的标准	1. 看到： 2. 听到： 3. 感觉到：		
采取的行动	1. 做什么，做到什么程度： 2. 什么时间做： 3. 谁支持：		
承诺词			
承诺人			
支持人			
监督人			

【活动时间】

15 分钟。

【活动步骤和要求】

1. 宣布活动主题与要求。

2. 个人制定自己的目标，填写目标愿景卡。

3. 小组内分享，请个别同学上台分享。

【评价分享】

与小组的同学一起分享一下你的目标。同时让其他同学给你一些建议，你也可以给其他同学一些建议。

【延伸阅读】

父子俩在雪地上玩耍。父亲指着前方不远处的一棵树，对儿子说："你看到前面那棵树没有？我们来场比赛，从这里出发，一直走到那棵树那里，谁在雪地上踩踏出的脚印，连成的线最直，谁就算赢了。"儿子一听，觉得这个游戏很有趣，就一口答应了。

儿子小心翼翼地走着，边走边盯着自己的脚，生怕踩出的脚印不直。虽然感觉走得很直，等走到树下的时候，回眸一望，却大失所望，身后的脚印，形成了一些不规则的曲线。父亲走的时候，好像忘了自己的脚似的，眼睛目视前方那棵树，快速一路走过去，身后的脚印就如用尺子画过的一样笔直。

为何父亲会比儿子走得直呢？因为父亲的眼睛一直盯着前方的目标，也就是那棵树；而儿子呢，走着走着，就把目标给忘了，等发现走偏了，只好重新矫正，反复多次，就形成了一些曲线。

1953 年耶鲁大学曾对毕业生做过一次调研，就目标对人生的影响进行过一项长达 25 年的跟踪研究，研究对象在智力、学历等其他条件上都差不多。比较 25 年前和 25 年后，研究结果如下：

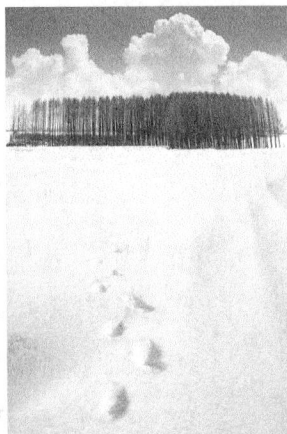

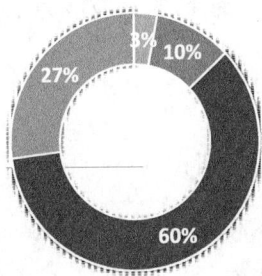

27%没有目标的人，生活在社会最底层，生活过得很不如意；

60%目标模糊的人，生活在社会的中下层，并无突出成就；

10%有清晰但较短期目标的人，生活在社会的中上层，在各自所在的领域里取得了相当的成就；

3%有清晰且长期目标的人，成为各领域顶尖人士。

目标就是所要追求的结果，没有目标就没有收获。

目标对我们的成长很重要，制订目标看似一件简单的事情，每个人都有过制订目标的经历，但是如果上升到技术的层面，必须学习并掌握 SMART 原则。

所谓 SMART 原则，即是：

1. 目标必须是具体的（Specific）；

2. 目标必须是可以衡量的（Measurable）；

3. 目标必须是可以达到的（Attainable）；

4. 目标必须和其他目标具有相关性（Relevant）；

5. 目标必须具有明确的截止期限（Time-based）。

综 合 测 试

【测一测】

1. 在即将告别校园走入社会的时候，你认同的观点有（　　）。

   A. 我能找到一份工作，这是我职业生涯的起点

   B. 职校生学历低，没有竞争力

   C. 要在社会上立足就要了解社会、了解企业、了解自己

   D. 就业前准备几天就差不多了

   E. 走入社会不是应付，就业准备需要一个过程，是自己能力的体现

2. 对于校园和职场的表述，你赞同的是（　　）。

   A. 学校是读书的地方，职场是工作的地方，两个环境区别明显

   B. 只要在学校里读好书，考出好成绩就会干好工作

   C. 校园和职场有区别也有联系，在人的能力和习惯方面都可以得到锻炼

   D. 一个人初入校园的生活适应能力与一个人初入职场的适应能力是有相通之处的，可以互相借鉴

3. 对目标的认识，你认同的说法是（　　）。

   A. 目标就是计划，计划赶不上变化，有没有目标无所谓

   B. 有目标就有发展的方向感，目标越清晰才不会走弯路

   C. 对目标的设定要有个最后期限，否则，会受影响

D. 一个人给自己定一个宏伟的目标可以激励自己进步

E. 一个人完成目标，不能孤军作战，要有很多人支持

【练一练】

1. 将自己的目标愿景卡内容跟父母交流一下，根据他们的建议修正目标愿景卡。

2. 找一位毕业几年后的学长，聊一聊他（她）的职场经历。把你获得的启迪整理出来。

第一单元

就业准备

第二课

谈谈就业现状

【案例导入】

中职生工厂实训全景记录

90 后中职生感言

谈工作："工作时间太长了，每天要工作 9 个小时。""重复同一个动作久了，手就会痛，晚上都睡不着。"

谈伙食："每顿饭 4 个菜，3 个都是辣的，我们根本吃不惯。"

谈生活："洗澡是个难题，我们住在五楼，每天要到一楼打热水才能洗上热水澡。更让人受不了的是在宿舍也无法上网，娱乐设施只有两个篮球架。"

"80 后"线长评价

"这些孩子在学校待惯了，不了解厂里的规章制度，工作起来很随便，往往一两个学生怠工，就拖累了整个生产线。"生产线线长刘芳介绍，过去一个月中，几乎有一半的天数出现被迫暂时停工的现象。不过刘芳表示，如果自己以后去招工，依然会选择这些学生。"他们学东西特别快。他们做出来的高压电饭锅，质量合格率能够达到 90%，与熟练工人的及格率几乎一样。"

工厂：常有家长来工厂"探营"

在工作间中记者也碰到了前来看望自己孩子的叶女士，工厂方面称，像叶女士这样不放心子女，在实训开始后来探望、送饭的家长不少，工厂采取的是开放式管理，为让家长放心，也允许家长进入厂内探望。

"80 后"线长：学生顶嘴后玩"躲猫猫"

负责这批中职生生产线的线长刘芳今年 23 岁，为工作的事情没少和这些 90 后生气。在反复纠正这班学生时，有学生被说急了会顶嘴。"像我们同年龄的工友，哪有敢顶嘴的。"刘芳表示，更让她哭笑不得的是有的学生被说过之后一赌气，就干脆玩起了"躲猫猫"，一声不响不知道躲在厂里哪个角落，也有学生被说了之后第二天下午就不来工作，过了两三天才回到岗位上。

【议一议】

1. 你怎样看待这些实训中师哥师姐的工作表现？

2. 对线长和工厂的评价，你怎么看？你认为在自己在实训中会遇到哪些问题？

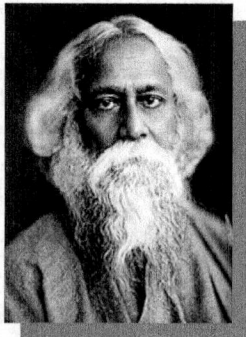

> 有勇气在自己生活中尝试解决人生新问题的人，正是那些使社会臻于伟大的人！那些仅仅循规蹈矩过活的人，不能使社会进步，只能使社会得以维持下去。
>
> ——泰戈尔

活 动 体 验

透过信息说看法

【活动目的】

就业季节，就业信息纷杂，究竟哪些信息对我们有用呢？通过信息的分析，了解信息的出处，分析什么信息对自己有用。

【活动时间】

20 分钟。

【活动道具】

白板笔和白板纸，职场信息卡。

【活动步骤】

1. 先把全班分为四个组。

2. 每组发一套职场信息卡，看完后讨论 10 分钟。

3. 职场信息卡上有常见的职场信息，也有同学们对这些信息的想法。面对这些职场现象和同学们的反应，你是怎么想的？怎么看的？

4. 请各组对这些内容进行分享。

【体验分享】

1. 这些职场信息是一些职校同学毕业时遇到的常见说法和现象，你认为哪些现象说法符合自己的观点？为什么？

2. 企业要求和个人发展矛盾吗？你认为哪些内容更能达成企业与个人的共识？

附录：供各组同学用的职场信息卡

职场信息 1：近几年，社会上流传着这样一句话：本科生就业不如高职生，高职生就业不如中职生。

基本想法：中职生就业还是有保障的，这是大趋势，所以，就业的事不用太着急。

职场信息 2：中职学校针对企业生产一线培养的有技能"蓝领"成为就业新宠。有些学校的毕业生供不应求。与大学生"就业难"截然不同，中职生就业出现了越来越吃香的趋势。

基本想法：中职学生毕业生供不应求，就是人少岗位多。那就不着急就业，挑个轻松些待遇好的工作。

职场信息 3：我们学校前几年的就业率都是在95%以上，有的专业是100%。

基本想法：按照我们学校的就业比例，每个班只有2~3个人没有工作，其他人都没有问题。学校肯定是给我们想办法的，所以，我们不用太着急太努力了。

职场信息 4：中职学生是第一线工作的中、初级专门人才。

基本想法：一线工人都是职务最低，干最苦最累的活，没有发展前途。

职场信息 5：企业的用人需求非常务实。简单地说，就是要专业好、技能好、态度好的人。企业认为，中职学生在技能储备、学习能力、工作态度等方面的综合素质胜过大学生。

基本想法：我们在学历上比不了大学生，但在做事素质和态度方面要比他们更务实。

职场信息 6："我对工作要求不高，先从基层做起，再从事设计，只要能学到技术就行，有技术不怕没饭吃。"

基本想法：不少师哥师姐的想法很有道理："有技术不怕没饭吃"。在一线锻炼几年后很快就成为骨干并得以晋升，薪水也会十分可观。

职场信息 7：工厂的工作很苦，条件很差，那样的活简直不是人干的活！

基本想法：工作环境真的那么苦吗？还是继续上学吧！

就业信息 8："这家公司是我们学长开的，跟着他肯定能学到真本事。这个专业也是我的兴趣所在，能施展才华。"

基本想法：工资是死的，能力是活的。后续的发展更重要。

探 究 明 理

📖 就业形势

近几年，社会上流传着这样一句话：本科生就业不如高职生，高职生就业不如中职生。从统计数字来看，近几年我国大学毕业生的一次性就业率始终在75%左右徘徊，而中等职业学校（含职高、中专、技校）毕业生的一次性就业率早已突破95%。

社会上就业群体比较多，除了每年毕业的大学生、高职生、中职生之外，主要还有来自农村的务工人员、有大企业的下岗失业人员、有退伍或转业的军人，甚至还有到中国来就业的外国人。中职毕业生仅仅是我国就业大军中的一部分。而社会上的就业岗位的总和是有限的，各种人群之间在就业方面的竞争就变得不可避免。

就业信息是中职生需要了解的就业形势的一个内容，每一位即将走入职场的毕业生都要了解更全面的就业信息，做到知己知彼。了解就业形势，就需要从企业用人和校园育人两方面入手。

企业用人需要了解的信息包括四个方面：社会发展与企业用人的大趋势；行业或企业用人特点；某类企业或某类岗位的特点；企业就业岗位信息。

校园育人需要了解的信息包括相对应的四个方面：校园育人的毕业生总量和特点；地区职业教育的特点；学生所学专业情况；学生素养和习惯方面的情况。

这些信息我们可以从新闻报道、政策报告、学校广播、学校宣传栏、校园就业指导或与老师同学聊天的过程中能获得。

同学们在第一课上已经确定了自己未来的发展目标，那么，了解就业形势，搜集相关信息是我们必不可少的一个步骤。

附录：职场信息搜集整理思路

序号	企业用人信息	校园育人信息	备注
1	社会发展与企业用人的大趋势 ——社会经济发展的政策，如北京对文化创业产业的支持、对第三产业的支持等 ——整体发展对用人缺口的统计等	校园育人的毕业生总量和特点 ——学生就业的总情况（数量、特点等） ——学生就业优势和就业不足分析 ——学生就业心理调适	
2	行业或企业用人特点 ——所在行业对人才准入的要求，如对专业资格证书的要求 ——企业用人对素质和技能的要求	地区职业教育的特点 ——本地职业教育与行业企业对接的政策 ——学校校企合作的情况	
3	某类企业或岗位的特点 ——哪些专业技术是最实用的 ——哪些专业内容已经淘汰 ——企业对人的整体素质要求是什么	学生所学专业情况 ——哪些专业技术是最实用的 ——已经获得的证书情况	

序号	企业用人信息	校园育人信息	备注
4	企业就业岗位信息 ——企业用人的岗位有哪些 ——岗位的具体职责是什么 ——相关岗位有哪些	学生素养和习惯方面的情况 ——学生是否有独立生活和做事的能力 ——学生与其他人配合共同做事的情况 ——对新环境能快速了解和适应的能力	

📖 中职生的就业优势与劣势

对于中职生就业率高于大学生的情况，我们不能盲目乐观，不能单纯以就业率高低来建立信心，还是要以内塑素质、外强能力来要求自己，充分认识到自身的就业优势和劣势。

在大学生所谓的"就业灾年"中，中职生被看好的报道俯拾即是：

多元办学模式催热中职就业

中职毕业生成了"抢手货"，毕业前一年就已找到理想工作的情况并不少见，更有甚者同时收到好几家用人单位的试用函。北京市商业学校珠宝玉石加工与营销专业王老师介绍，随着近年经济高速发展，珠宝首饰市场开始向自主化、个性化方向发展，市场对专业人才的需求也不断增长，真正受过系统训练的专业人员十分缺乏。学校与多家珠宝公司建立了校企合作关系，毕业生供不应求，常常是学生还没完成学业，就已被企业"订购"一空。在当前就业形势严峻的情况下，该校学生就业情况很好，甚至出现了"一名优秀中职生，几家单位竞争"的现象。——摘自《北京考试报》

最难就业季：中职逆势"强袭"

相对于高校学子就业的艰难，山东省中等职业学校就业率却一直居于高位，在一些国家级重点职业(技工)学校中，学生就业率几近达到100%。

"目前，我校2013年1000多名应届毕业生已全部就业，而一些以技能型、复合型见长的中职生更是成为大型企业的'香饽饽'，如机械加工制造类、电子类"，某宝石学院招生就业处高主任介绍道，"我们学校的毕业生选择就业方向的不光是今年全部就业，年年就业率都保持在100%，为企事业单位输送了一大批具有熟练技能的专业人才。"——摘自《昌乐传媒网》

说今年就业"最难"职校生笑了

"从2007年起，我们学校的毕业生就业率就达到100%。早在二年级顶岗实习期间，大约30%的学生就被企业预订了；而到了三年级的毕业实习期，就几乎全部获得工作机会了。

还没找到工作的，多数是在挑。"惠州某职校实习与就业指导办公室周主任说，"比如今年初我们召开的春季班人才推介会，推介的学生大约是 1000 人，企业提供的岗位超过 3000 个。因为刚好那个时候很多工厂的工人都要回家过年，非常缺人，所以，那次推荐会企业都是来"抢"人的。"——摘自《南方都市报》

【议一议】

1. 从这些报道中，你认为中职生就业率高的原因是什么？

2. 你认为自己如果在毕业时能够被企业"抢"，那是因为自己在哪些方面优秀？

中职生需要明确自己的定位，而不要盲目地与其他就业群体做比较；中职生只要能够做到与企业的用人需求对接，就可以发挥中职生的就业优势。

第一，中职生最大的特点和优势，就是目标清晰，体现"专"。职业教育的特点是根据企业的需求，为企业培养目前所急需的中、高级技术人才。职业学校着重培养的是学生的实际操作能力。中职的学生，在学习过程中，对未来的职业有较为清楚的认识，有明确的就业目标，这也是就业率高的一方面原因。

> **小贴士：工作场所**
>
> ✔ 学习的场所
> ✔ 个性能力发挥的场所
> ✔ 活动生活费用的场所
> ✔ 人际关系的场所
> ✔ 生活的重要场所
> ✔ 竞争的场所

第二，校企合作，教室就是车间，学生就是员工。中职学校通过校企合作提高学生技能，这种"校中厂、厂中校"的模式为学生、学校、企业带来"三赢"。学生作品即产品，学生在实践中与企业工作接轨，既提高了自身实战能力，同时还有一定的劳动报酬，学校运用企业实训车间提高学生专业技能从而带动就业，学生的学习实践与未来的工作环境合一，学生的就业没有障碍。

第三，由于学习环境和工作环境非常接近，学生对口就业率就非常高，很容易达到学以致用的状态。对于企业来说，中职生毕业就可入职，就可以直接上岗，为企业免除了培训等一系列的负担，企业自然对中职生更为亲睐。

在生产型企业一线的技能"蓝领"岗位，中职生成为大学生的强劲竞争对手。大学毕业生认为自己受过高等教育，希望找份体面的工作，从而在就业市场上"高不成低不就"。而企业的用人需求则是非常务实的。简单地说，就是要专业好、技能好、态度好的人。企业认为，中职生在技能储备、学习能力、工作态度等方面的综合素质胜过大学生。

中职生就业率高是值得欣慰的事，但并不意味着就业之后就可以停止学习。中职生也要弥补自身的劣势。

　　"找工作是不难,可我们的起点低,上升的渠道不通畅。"许多中职毕业生都抱怨,"考技师难过考研"。从一名初级工变成中级工、高级工甚至技师、高级技师,这个"孵化"过程不容易。一些中职生毕业后,一边工作一边继续学习拿到更高的学历证书,一边发展一边积累自己的专业能力,为自己的发展继续努力。

　　当今社会,挑战与机遇并存。总之,面对就业竞争,找到优势,弥补不足,扬长避短,才能在就业中稳操胜券。

📖 摆正就业心态

　　对于即将走入职场的一名中职生来说,准备技能是下策,提升能力是中策,改变观念才是上策。受社会上不良就业观念和中职生入学经历等现实的影响,一些中职生在就业心态方面存在以下不良心态。

　　第一,自卑心态。有的同学认为自己的专业知识、专业技能及综合素质不如高职生、大学生,总认为自己条件不好,技不如人,心理胆怯,面对陌生的社会环境,不知所以,产生恐惧和焦虑的心情,而这种心态又让自己变得言语阻塞、思维混乱,处理事情经常出错。

　　第二,从众心态。部分中职毕业生在择业时毫无主见,大多数同学选择哪里自己就选择哪里,大多数同学在哪里就业,自己就往哪里挤。缺乏开拓独立精神,没有客观分析自身专业基础、经济状况等各方面因素,忽视自身的个体特异性与创造性,随波逐流。

　　第三,攀比心态。中职毕业生中有一些人在求职择业中存在攀比心理。即使有些单位非常适合自身发展,但因某个方面比不上某个同学的就业单位或觉得平时某个同学什么都不如自己,却找到一个比自己更好的单位,于是心理就不平衡,而放弃现有工作。这种观念往往不能从自身实际出发,常常会错过机会,影响到个人的就业和发展。

　　第四,消极心态。指学生在就业过程中缺乏必要的毅力和持之以恒的进取精神,凡事消极对待。一是对自己如何去就业没有积极的心理准备,二是就业后,心理过于放松,不投入、不敢进取,不想再开拓创新,不积极钻研业务,不想方设法提高自己创造价值的能力,积累立足于社会的资本。

　　第五,依赖心态。有些中职生由于家庭、社会条件较好,在就业过程中把希望寄托在学校、父母或朋友之上,寄托在拉关系、走后门之上,有的甚至由家长出面与用人单位洽谈,孰不知这样做给用人单位的第一印象是:缺乏自理能力,独立生活和工作能力差,从而对今后的职业发展产生不利影响。

这些状态是中职生在求职过程中的绊脚石，认识到不良心态的不利影响，建立积极独立的就业心态，才能在进入职场和后期发展中更加自如。

中职生较高的就业率，使得一部分学生和家长产生了一些超出自身能力的期望，反而错失良机，放弃了原本很好的就业机会，直接影响到顺利就业。在择业时中职生要把个人愿望和社会要求结合起来，统筹考虑，树立正确的就业观。

第一，主动就业观。毕业生进入人才市场，实行双向选择，竞争就业，已成为社会发展的必然。中职生不能再依靠父母，应主动出击，积极寻找职业机会，到职场的大海中去闯荡。

第二，素质观念。在职场上存在着就业竞争，在工作单位内部也存在上岗和晋升的竞争，这要求中职生不断提升自己的综合素质和能力。

第三，不唯对口的观念。根据市场经济对人才的需求，中职生要自觉顺应市场的发展要求，灵活机动地调整自己的就业目标。一旦出现不能专业对口、用己所长，需要"改行"的情况，要及时调整自我，发现不足，及时转变。市场需要什么，我就学什么，从而把自己培养成为"一专多能、能上能下"的职场新人。

第四，树立"先就业、后择业"的观念。在选择工作单位和岗位时，不求一步到位。先对自己和社会有一个正确的认识，找到一个可以生存的位置，然后在实际工作中对自己和岗位重新选择，最终找到符合自己发展的真正的位置。

【拓展训练】

搜集就业信息

【活动主题】

寻找我们能接触到的就业信息。

【活动目的】

掌握就业信息的基本传播渠道和特点，能搜集到有用信息，指导自身的就业准备。

【活动时间】

一周。

【活动步骤和要求】

1. 把全班分成三个小组。

2. 小组选出组长并分工角色（如组长、任务进度跟进员、采集问题设计员、收集信息员、汇总整理信息员、输出报告员等）。

3. 每个小组按照任务卡来搜集信息。

任务卡一：搜集今年就业的整体情况和行业企业的用人趋势（如搜集就业政策、新闻报道）。

任务卡二：搜集企业用人信息（如搜集与专业相关的广告信息，分析用人特点）。

任务卡三：搜集企业就业岗位信息（如本专业的相关岗位）。

4. 小组讨论采集活动全程计划表。

5. 小组内开始分工执行。

6. 汇总信息并形成采集报告。

7. 小组进行采集报告的分享。

【评价分享】

1. 在班级里轮流介绍小组成果，并评选出优秀的采集报告。

2. 由一个小组牵头，合并各小组的调查成果，形成本专业的完整就业调查报告。

【延伸阅读】

1. 电子商务专业：培养商务、营销等专业技术人才，毕业后从事相关的商务、计算机应用与操作技术或管理工作，如市场预测、业务洽谈、商品验收、推销、展销等。

2. 电子技术应用专业：培养初、中级电子技术人才，毕业后从事相关电子技术工作。

3. 空旅游专业：培养熟练掌握民航服务理论和基本技能，为客户提供高品位、高质量服务，具有较强公关能力与协调能力、灵活应变能力的航空服务人才，毕业后就业于各大航空公司空乘或地面服务岗位。

4. 播音与主持专业：培养具有广播电视新闻传播、播音艺术技能，在广播电台、电视台及其他单位从事广播电视播音与节目主持工作的专门人才。

5. 高级海员专业：培养具有船舶驾驶技能的高级海员和轮机管理专业人才，学生毕业后安置在国内外各大船舶公司轮船上班。

6. 机电技术应用专业：培养具有从事机电技术理论知识和综合职业技能的机电设备、自动化设备和生产线的运行与维护人员。

7. 现代物流管理专业：培养从事现代物流业中的信息处理、配送、仓储、多式联运、采购、货代等具有专业及管理的高等技术应用型人才。毕业后在物流部门从事运输调度员、理货员、物质配送、商品储存等方面工作。

8. 旅游管理专业：培养掌握现代旅游酒店管理基本理论知识和业务操作技能，适应星级酒店经营管理需求的酒店管理人才。

9. 计算机应用与维护专业：培养从事计算机专业工作的初、中级技术员，毕业后从事相关的技术或管理工作，如装配、维护、计算机应用、产品开发、营销、网络管理等。

10. 计算机应用专业：培养从事计算机专业工作的初、中级技术员，毕业后从事客服或客服管理等相关工作。

11. 现代汽车、摩托车维修专业：培养初、中级汽车、摩托车驾驶及维修人员，毕业后从事组装、焊工、维修、维护、驾驶、美容装饰等相关工作。

12. 电脑服装设计与制作专业：培养初、中级技术人员，毕业后从事设计、制作、车缝或管理工作。

13. 文秘与办公自动化专业：培养文秘及营销等专业人才，毕业后到企事业单位如公司、工厂、文印店、酒店、宾馆等从事相关的文秘、营销或管理工作。

14. 电脑财会专业：培养财务、会计等专业人才，毕业后到企业、工厂、公司、宾馆、酒店、商场等用人单位从事财务、会计、管理等相关工作。

15. 护理专业：毕业颁发护理中专毕业证书；三年级可以参加护士资格考试；可以到医院、社区医院、门诊从事临床护理、预防保健工作。

16. 幼儿师范专业：培养德、智、体、美全面发展的具有良好的综合素质，熟知幼儿教育的基本工作规范和方法，具有较强的理论素养，掌握幼儿教育基本知识和专业技能，并能熟练运用于实践的学历的幼儿教育工作者。毕业后面向各级各类托幼机构以及有关机构从事幼儿教育教学管理工作。

17. 市场营销专业：主要就业岗位有营销业务管理员、营销方案策划员、企业市场调查分析员、企业销售代表、客户服务管理员等。

18. 连锁经营与管理专业：本专业毕业生可以在连锁企业总部业务部门从事经营管理、人力资源管理、商品促销工作；能担任连锁企业各门店的店长、经理、营业员、收银员等；还能在连锁企业物流配送中心从事物流配送、商品采购等工作。 ——摘自网络

综 合 测 试

一、测一测

1. 你对本专业今年的就业形势看法是（　　）。

   A. 了解了一些情况，感觉就业形势严峻，就业难

   B. 平时能力积累多，就业还能有保障

   C. 对就业形势还不了解

2. 您觉得自己的专业技能（　　）。

A．很强　　　　　B．一般　　　　　C．较弱　　　　　D．很差

3．如果专业不对口，您会选择（　　）。

A．先干一段时间，攒一些钱后再跳槽

B．先就业，在工作之中重新认识自己，认识企业需要，再规划自己的学习

C．找个工作不容易，就先干着吧

4．你认为在就业时（　　）方面最重要。

A．专业能力　　　B．人品素质　　　C．交流合作　　　D．不了解

5．你想过要自主创业吗？如果自主创业您认为自己最需要的是（　　）。

A．资金　　　　　B．技术能力　　　C．政策支持　　　D．其他

二、练一练

通过你的实习经验和对职场的了解，请列举出自己的三个优势和三个略势。

1．三个优势：

2．三个略势：

第三课

聊聊就业岗位

【案例导入】

小张中职毕业后很顺利地进入了一家食品公司。他的工作岗位是销售，由于需要熟悉公司的工作流程和内容，部门经理希望他从基础的工作做起——给客户送货。

经理向小张介绍了岗位要求，给客户送货不仅是把货送到，而且还有很多注意事项：首先，与客户沟通时要有良好的态度，并且要与客户确认具体的送货时间，按时送货；其次，要核对货物，与客户交接货物时也要严格核对数量和质量；最后，在送货结束时要尽可能地了解客户的一些情况，如客户为什么会购买这款产品？与同类其他品牌的产品相比优势是什么？这些反馈意见汇总后要转交给公司的销售部门经理，可以作为产品设计和产品完善的重要参考。

听着部门经理的介绍，小张想：不就是做苦力当搬运工吗，还讲那么多冠冕堂皇的理由。刚开始，他还很认真去做，后来他发现送货时，客户都比较忙，甚至都不怎么理他，于是他也就不再主动多说多做，以免客户反感。一个月过去了，小张已经给近60位客户配送过产品了，但没和客户聊几句。

公司组织新产品营销会议，也让小张参加，当问到小张服务过的近60位客户购买产品缘由时，小张很快地说出自己的猜想和判断，然而这样的答案并没有得到其他同事的认可。他们认为价值不大，甚至流露出轻视的眼神。这让小张很不舒服。他也一直很疑惑：我究竟哪里做得不好？

【议一议】

1. 小张这样认识和执行自己的岗位职责，你认为有何不妥？

2. 你认为，小张要获得同事的认可，他应该怎么做？

　　每一个人都应该有这样的信心：人所能负的责任，我必能负；人所不能负的责任，我亦能负。更要有认清职责内涵的眼光，你才能磨炼自己，进入更高的境界。

——林肯

活 动 体 验

认识企业岗位

【活动目的】

通过分析"超市中的蔬菜沙拉是怎么来的"，了解企业中各个岗位之间的关联，认识到企业的每个岗位都是不可缺少的。

【活动时间】

20 分钟。

【活动道具】

从超市购买几盒蔬菜沙拉。提示：有三种配菜以上的蔬菜、最好是机器切好的蔬菜。

【活动步骤】

1. 把全班分为四组，准备好活动用品。

2. 观察或品尝蔬菜沙拉，分析生产这一盒蔬菜沙拉需要多少道工序？

要求：写在一张白纸上，逐组分享，说得越细越好。

3. 完成工序整理之后，继续思考：制造蔬菜沙拉的工序顺序是怎样的？

4. 最后，深入思考：一道工序就是一个岗位，如果你在其中的任何一个岗位上，这个岗位的职责与沙拉制作的整体目标有什么关系？

【体验分享】

以小组为单位，分享体验：

1. 从制作蔬菜沙拉的目标看，哪些岗位是可有可无的？

2. 第一道工序的岗位职责与其他工序的岗位职责有什么关联？

探 究 明 理

📖 **每个岗位都不可替代**

每个同学都希望自己进入企业后能如鱼得水的发展，那就一定需要了解这个企业的"水性"是怎样的？进入企业后，一个新人要了解如下内容：理解企业的经营目标，了解所在部门的职责任务，明确所在岗位的职责，熟悉岗位和其他岗位的关联与配合，清晰岗位与公司经营目标的关联等。如果你能做到这几点，相信你就熟悉了这个企业的"水性"了。

今天，我们来借"超市中的蔬菜沙拉是怎么来的"的机会，充分体会一下每个岗位与工作总目标的关系。

我们来看看——

这是一道蔬菜沙拉，里边有圆白菜、番茄、黄瓜、青椒。吃起来酸酸甜甜的，还有点咸味。一分析，通常里面应该有色拉油、盐、柠檬汁、蜂蜜等作料。

这盘沙拉的产生会大致有以下步骤。（当然，这是我们讨论分析的思路，而不是最严格的生产流程的介绍。）

第一步，菜农购买种子，根据市场的需求种植品种多样的蔬菜。

第二步，菜农向加工厂销售蔬菜，或者是加工厂收购菜农的蔬菜。

第三步，蔬菜成熟后，菜农收割蔬菜并包装运输蔬菜到加工厂。

第四步，蔬菜运送到加工厂后，进行质检与清洗。

第五步，切好蔬菜，按照沙拉品种进行配料、包装，形成蔬菜沙拉的成品。

第六步，加工厂向超市销售成品蔬菜沙拉。

第七步，将蔬菜沙拉从加工厂运送到指定的超市。

第八步，超市里的售货员贴价签，摆在货架上，完成销售前的准备。

蔬菜沙拉是由食品加工厂来生产的，按照时间的顺序可以分为原料采购流程，生产加工流程，销售运输流程就可以送到超市。每个流程中又有一些具体的工序，这些工序是由一个或多个岗位的人来完成的。

例如，在食品加工的大步骤中，可以细分为摘菜、洗菜、切菜，配菜、制作、包装等工序。每道工序都会有一些具体的要求，如摘菜的环节，不仅是要把不新鲜或不合格的部

分摘除，还要注意菜的大小和颜色，因为要制作的菜品不同而要做初步的分类和整理。在洗菜环节，不同类型的蔬菜洗涤的方法不同，带叶的菜要用流动的水冲洗，以免菜叶间夹带杂质；而土豆、黄瓜等果实类的菜品则需要用一定时间的浸泡，去除表皮上的杂质。在切菜的时候，同样的菜可能要加工成不同的形状，如黄瓜是切成片、切成段还是切成丁，都要根据菜品种类而定，同时，也会放入不同的容器中。

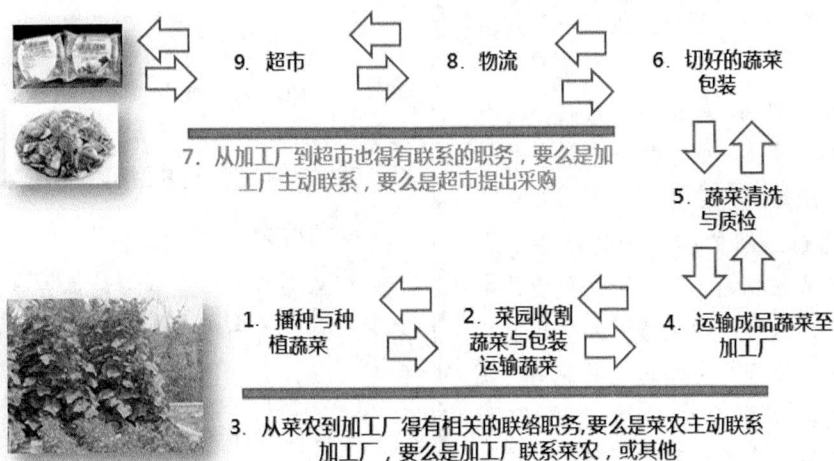

举例：企业目标与岗位群目标的关联解读

9. 超市　　8. 物流　　6. 切好的蔬菜包装

7. 从加工厂到超市也得有联系的职务，要么是加工厂主动联系，要么是超市提出采购

5. 蔬菜清洗与质检

1. 播种与种植蔬菜　　2. 菜园收割蔬菜与包装运输蔬菜　　4. 运输成品蔬菜至加工厂

3. 从菜农到加工厂得有相关的联络职务，要么是菜农主动联系加工厂，要么是加工厂联系菜农，或其他

其他环节也同样重要，如在运送的过程中，装卸环节、冷藏环节是否都是严格按照工作要求去做了；超市销售的时候，包装盒的摆放是否对沙拉的外观有影响等，都会影响最终顾客是否购买它。

我们在超市购买的蔬菜沙拉，已经有数十人甚至上百人为其生产、运送、加工、销售而付出劳动。每道工序或岗位都在为达到总目标而服务：让顾客享受即拆即食的新鲜绿色健康食品。

试想，在蔬菜沙拉生产的过程中，其中一个环节出现了问题，都会产生不能食用的次品，此前所有的人付出的劳动就会失去意义。所以，不管是什么岗位，其独特的作用都是无法替代的，同时，各个岗位又都为工作总目标服务。

【议一议】

1. 如果你有机会进入蔬菜沙拉制作流程的某个岗位，你会选择哪个岗位？

2. 你将如何与上下游配合，以共同完成生产目标？

一个单位工作岗位有很多，分工不同，各自的责任也不同。这里有个不争的事实，任何岗位都是有其作用与价值的，都是不可替代的。

【延伸阅读】

在岗位上开心的工作

在餐饮行业中，有一个很特别的餐馆，这就是海底捞。海底捞是一家以经营川味火锅为主、融汇各地火锅特色的餐馆。它的亮点却不是餐饮，而是服务。

在这里，顾客能真正找到"上帝的感觉"。在就餐前，专门的泊车服务生，不论车的高档与普通，提供周一到周五中午的免费擦车。在你等餐的时候，等位区里人声鼎沸，等待的人数几乎与就餐的相同。等待，原本是一个痛苦的过程，海底捞却把这变成了一种愉悦：手持号码等待就餐的顾客一边观望屏幕上打出的座位信息，一边接过免费的水果、饮料、零食；如果是一大帮朋友在等待，服务员还会主动送上扑克牌、跳棋之类的桌面游戏供大家打发时间。就餐时，给每个人送上围裙；给有手机的人送上小塑料袋套上手机；给长头发的女士提供橡皮筋和小发卡；给戴眼镜的送来擦镜布。现场还有拉面表演，一根根面条在空中划出一条条漂亮的弧线……

饭馆大堂再豪华，菜品再高档，但服务人员不快乐，就无法给顾客带来"上帝"的感觉。在海底捞，你会发现所有

企业岗位群资料

一般企业的岗位序列设置。

管理序列：

具有行政管理职责的各级岗位，包括公司、子公司层面：党支部书记、经理、副经理、公司领导班子成员（含同等待遇）、各部门部长或经理、车间主任及其副职、助理等。

专业序列：

从事专业工作的技术辅助人员岗位，包括办公室、人力资源、安全保卫、宣传、共青团、财务审计、品控研发等。

生产操作序列：

在职能部门从事生产操作的岗位，包括司机、仓库管理员、设备维修工等。在生产车间从事生产加工的岗位，包括一线生产工人等。

后勤序列：

提供后勤服务的岗位，包括保安、保洁工、办公用车司机、厨师、门卫等。

的服务人员，不管他们是在什么岗位虽然都忙得团团转，但脸上都挂着发自内心的真诚笑容，都是那么善解人意，有求必应。同时，他们洋溢着的那种自信与不卑不亢让顾客不由得尊重他们。对于顾客来说，海底捞的每个服务员，不管是迎宾、收银、酒水、配料、后厨、传菜、保洁等什么样的岗位，都是不可缺少的，都能给人们带来温暖、亲切、家的感觉。

📖 识别岗位工作要求

当你进入企业后，就要主动去了解本职岗位的职责要求，而这取决于识别岗位。

案例一：

某培训公司在酒店举行了一次历时三天的培训活动，培训助理小李负责现场的服务。

在培训的第一天，小李在临近中午课程将要结束的时候接了另一个客户的电话。等小李的电话打完，才发现老师已经下课了，学员早已涌到餐厅去吃饭。由于小李没有提前与餐厅负责人沟通上菜的准确时间，导致学员在饭桌前饥肠辘辘地等了25分钟。对于培训公司来说，这是很不专业的表现，甚至可以说是现场事故。学员意见很大，他们直接向小李的上司投诉，小李为此被狠批了一场。

小李并没有因此而气馁，她认真地反思了当天事件的经过，并想出了改善的对策。第二天，她先向培训的老师问清楚下课的时间，又实际测算了一下从培训的会议室到餐厅的时间，然后和餐厅的负责人确定，在学员下课进入餐厅落座的几分钟之内就开始上菜。

果然，学员们马上感觉到小李的改变，服务很到位，又给小李的上司打电话，表扬了小李。

了解岗位职责的内容，是认识岗位的第一个要点。作为会务服务的角色，小李的职责是要配合培训老师进行培训，协调酒店住宿餐饮，帮助学员解决问题。要保证各个环节顺利，时间安排恰当。

案例二：

有三个同学毕业后到某电脑公司呼叫中心工作，他们的工作职责是接听客户电话，帮客户解决问题，获得客户对公司整体服务的满意反馈。这三个员工有三个不同的表现：第一个员工接到电话后，听了客户的问题，只是进行了基本的解释，但客户问题并没有快速解决，客户很不满意。让客户在电话里评价时，客户直接挂掉了电话，没有配合进行评价。第二个员工接到客户电话后，顺利解决了客户的问题，还给客户一些回应，客户比较满意。客户评价时有些犹豫。第三个员工则在前两者的基础上，能根据客户的实际情况不仅给客户解决了现有的问题，还对日后客户电脑的使用提出了建议和注意事项。客户感觉很满意，很耐心地进行反馈，给了满分。当电话结束后，第三个员工还会把有代表性的情况进行汇总，向主管汇报。

理解岗位职责与工作目标的关联是认识岗位的第二个要点。其实，不仅这家公司的呼叫中心有这三类员工，其他公司也有这种类似的情况。众所周知，企业更欢迎第三个员工的做法，因为他们不仅对客户服务的工作职责理解很全面，而且对公司的宗旨——服务客户，让客户获得最满意的这一企业经营目标也是理解透彻的。

案例三：

这个片段来源于周星驰拍的电影《喜剧之王》。

影片介绍的是一心想做专业演员的尹天仇（周星驰饰），处处寻找做演员的机会，历尽种种挫折，终于成为专业演员的故事。

在尹天仇刚开始寻找表演机会时，导演给了他一个扮演被枪打死的群众演员的机会，而当他表演时，则希望表演出这个人的死法很有特点，前后用了1分钟才倒地死去。莫文蔚饰演的是女主角娟儿，对于尹天仇这 1 分钟死的表演表示极为不满。下面是拍摄现场的对话：

其实我是一个演员

　　导演：（指着天仇）后边那个人干什么？你已经死了！

　　导演：（走到天仇面前）你怎么死来死去都死不了啊？

　　天仇：因为我设计的角色性格是比较调皮的。所以我内心的潜在台词是"我不想死"。

　　导演：（很生气和无奈）你不想死也得死啊！

　　天仇：其实我差点就死了，你再给我多一点点时间，我就死定了。

　　娟儿：喂！你知不知道一秒钟有多少格底片？

　　天仇：（高兴）有 24 格啊，娟姐。

　　娟儿：你知不知道刚才那个镜头有多少秒钟？

　　天仇：大概有一分钟。

　　娟儿：（气愤）你知不知道因为你不想死，浪费了多少秒、多少格底片、多少钱和工作人员的时间和心机啊！！

　　天仇：……（哑然）

　　了解不同岗位间的联系是一个人认识自己岗位并能胜任岗位的第三个要点。在电影的拍摄现场会有很多角色，如导演、摄像、主演、场记、剧务、化妆师、配角和龙套等人，每一个场景都是需要很多人一起配合来实现的。在这个过程中，如果有人为了凸显自己的作用，忽视与其他部门其他人员的合作意识，不仅是浪费了胶片，还浪费了其他人为此付出的劳动，更影响了整体拍摄进度。导演骂他的原因，不是他不该有创造性，而是他忽略了在影片拍摄的过程中，与其他岗位的主动配合。

📖 履行职责是职业人的基础

　　职业本身就意味着责任，意味着分内应做的事。现在我们是学生，就要尽学生的本分，将来我们到企业里去销售、当助理、做服务，也要尽那个岗位应该有的职责。作为职业学校的学生，我们是"准职业人"，更要利用好学校提供的锻炼机会为将来做一些有针对性的准备。

案例：陈明的面试

　　身为学校学生会主席的陈明被学校优先推荐到一家公司去面试。他应聘的是项目助理。在简历中，面试官可以看到地一串串骄人的经历：陈明，营销专业学生。曾经代表学校参加市演讲比赛、辩论赛，在报纸上发表过文章，担任学生会的主席、校文学社社长，还是校篮球队队长，并获得了许多荣誉证书等。

　　面试官问：陈明，看到你的简历，我们感到你很优秀，在学校中参加的活动很多。那么你是怎么安排时间的呢？

陈明很自信地说：在学校我的时间安排满满的，我特别重视锻炼自己的能力，经常每天有好多事要做，忙不过来的时候也会请同学给我帮忙。

面试官：我想了解一下，你是怎么组织活动的？如果在你组织大型活动的时候，突然有个班提出，他们不想参加此次活动，你会怎么做？

陈明说：您说的情况在学校里也很常见，各班都有各班的情况。我们一般的做法是，只要不参加的班级不会影响学校的整体安排，我们会组织活动继续举行。

面试官：每个活动对于班级都是很好的锻炼机会，他们失去了这样的机会，你怎么想？

陈明：那是他们自己的事。

面试官：不参加毕竟是损失啊。你会了解一些他们不参加的原因吗？你是否做过尝试，主动争取让更多的人参与？

陈明：这个我做的不多，因为我没有时间做……

面试官：你的自我学习能力我很赞赏，但你应聘的是项目助理，这个岗位需要一个人有更主动的协调、沟通、有效组织的能力……

陈明：……

陈明最后没有被企业接纳。

【议一议】

1. 为什么多才多艺的陈明在面试中会失败？

2. 你是怎么理解企业需要的"才"和"艺"的具体内容的？

在一个集体中，领导有领导的职责，成员有成员的职责。作为学校的学生干部，就是要尽可能地让更多的同学参与活动，获得锻炼机会。而陈明没有意识到自己职责的准确内容，而仅以完成任务作为目标，显然没有尽到职责。

其实，在校园中，有很多做事的思路是与企业里做事思路是相似的。在学校中参加这些活动的结果并不重要，重要的是在活动过程中你是否利用了这些机会，锻炼了自己做人做事的基本能力。

班会准备会议及安排

某学校电子商务专业 3 班在二年级第二个学期时，即将举行一次《我的专业我做主》的班会。班会活动前，班主任老师召开了班干部会议，进行了内容讨论、任务分析和事项的具体分工。

班会目的：通过经验交流的形式，展示同学们在专业方面的收获，宣传电子商务专业。

老师和班委会经过讨论确定了一些基本内容：

1. 时间地点：安排在本月最后一周的周四下午。可以用学校的电教室，时间从下午15：00—16：30。因为学校16：30放学，电教室会按规定锁门。

2. 班长负责班会全面的准备工作，在班会开始前，督促班委会成员做相关工作。

3. 宣传委员撰写班会的议程，然后两天内与大家讨论，再进行分工。

4. 学习委员去安排有经验的同学进行分享。这几个同学曾经参与过一些公司的推广项目，让他们至少4个人发言，每人发言不少于5分钟，可做PPT展示，至少也要有文字稿。

5. 请纪律委员和劳动委员找10个男生，在班会开始前去布置会场，会后打扫会场。确定人选，进行分工，安排职责。

6. 由于电教室是在学校的行政楼，旁边有很多办公室，同时，也经常有来宾访问，出入的时候，请体育委员带大家整队出入。

7. 文艺委员准备2~3个娱乐节目，还有开场和结束时的音乐。

8. 科代表负责邀请学生科、教务科、专业部等相关老师。

9. 在班会举行前一周再开一次会，准备一次小规模的排练。

10.各个环节向班主任汇报，请班主任指导。

假设你们班就举行这个班会，你作为班干部或者班级活动骨干成员，又承担了某个任务（可在上述任务中自选一个），那么请试着回答下面3个问题：

1. 你是如何理解班会总目标的？

2. 你是如何了解你承担任务的重要性和总目标之间的关联的？

3. 你需要和别人进行什么样的配合呢？

计划好定，难在执行。在职场中，承担岗位职责就意味着庄严承诺和完成任务。在学校的班级工作中，言必信行必果的状态也是基本要求。

【拓展训练】

体验责任感

【活动主题】

寻找所学专业在日常生活中或校园生活中的体现。

【活动目的】

将专业所学与实际生活相结合。

【活动时间】

一周。

【活动步骤和要求】

1. 分成四个小组。

2. 宣布活动主题与要求。

3. 小组选出组长并分工角色（组长、任务进度跟进员、采集问题设计员、收集信息员、汇总整理信息员、输出报告员）。

4. 小组讨论采集活动全程计划表。

5. 小组内各个职责开始分工执行。

6. 汇总信息并形成采集报告。

7. 小组进行采集报告的分享。

【评价分享】

1. 哪个小组的采集报告更有信服力？

2. 让我们重新回顾一下，整个活动分工执行过程是怎样进行的？在整个过程中对于你执行的职责是否尽责了？尽责的表现是你遇到困难就停止了全部的工作呢，还是不断寻找解决问题的出路呢？

我们心目中的好学生，不仅是按时上课、按时完成作业、成绩优异的人，而且也是关心集体关心同学的人。在学校，这才叫品学兼优。同样，企业眼中的好员工，也绝不是仅仅能够准时上班，按时下班，不迟到、不早退的人，而是那些能准时优质地完成工作，有责任感的人。在企业，这叫德才兼备。

一个人有责任感的人，不论身处什么角色，不论从事何种岗位，时刻在工作中都能表现出忠于职守、尽心尽责的精神。这才是一个合格的职业人的表现。

【延伸阅读】

企业绝对不要的九种人

1. 开口言钱者不要：报酬不是不可以问，但得讲究机会和气氛。如果刚一交谈，就开门见山、直奔主题地问起薪酬待遇，会让企业感到很不舒服。

2. 纠缠不休者不要：招聘都遵守必定的流程，说几时给消息就几时给，说了非请勿"电"、非请勿访就是不欢迎来电、来访，如果仍然纠缠不休，只能对你说"拜拜"。

3. 沟通不畅者不要：介绍自己时结结巴巴，答复问题让人莫不着头脑，声音低的像蚊子叫，这样的人沟通能力实在欠佳，就算知识再扎实也不能要。

4. 面试迟到者不要：不管出于何种原因，面试迟到都是求职大忌，很容易让人猜忌此人的职业操守。

5. 穿着邋遢者不要：不需要穿名牌，但最起码要保持衣着的干净、整洁。扮酷？对不起，你用错了地方。

6. 自吹自擂者不要：无论你自认为多么优良，在真正的职场精英面前也只是小儿科。还没进门就翘尾巴，进门后还不会飞上天？这样的人会影响公司的工作气氛，出局没商量。

7. 没有诚意者不要：有的人一边表达进入公司的渴望，一边暗示自己在等考研成果，或说要看另一家公司是否录用。既然你给自己留了这么多后路，应当不在乎被招聘企业拒绝。

8. 弄虚作假者不要：只要发现简历中有一处作假，就会让人感到你处处作假。一个连诚实都做不到的人，企业拿什么信任你？

9. 简历啰唆者不要：既然是简历，则不要搞得太复杂，一两张纸足矣。如果人人都是鸿篇巨制，企业招聘负责人没时间看完，还能做出正确断定吗？

综 合 测 试

一、测一测

1. 一个岗位的真正价值，主要取决于以下要素中的三个：（　　）。

　　A. 知识和技能越多，价值越高

　　B. 解决问题的能力越强，价值越高

　　C. 岗位需要承担的职务责任越大，价值越高

　　D. 职位越高，价值越高

2. 你认为职场上体现职业责任感的三种行为是（　　）。

　　A. 清晰地了解工作的目标，知道自己工作的大方向

　　B. 认真学习工作流程，严格按照工作流程操作

　　C. 出现问题，勇于承担责任，并积极方法和对策

　　D. 工作之前，先算算自己能有多少收入

二、练一练

1. 你在未来求职时希望做什么岗位？为什么？

2. 全班分为四组，选择与本专业相关的四种职业，调查四种职业的具体职责。（所调查对象可以是家长、邻居、从业者等。把访问内容整理成文，在班会的时候分享。）

第四课

说说角色转变

【案例导入】

小黄是学校电子商务专业的一名女生，在上二年级时曾经咨询何老师，她如何才能去做会计。何老师介绍，如果想做会计，必须考会计证。小黄利用业余时间学习会计专业知识，终于在毕业前拿到了会计证。何老师通过自己的关系向某公司人事部推荐了小黄去应聘。

在小黄去应聘的当天，何老师开车顺路带小黄到了公司。公司经理面试后，感觉小黄很不错，当场拍板录用，通知她下周一早上八点上班，并透露：公司一年半后就会建立分厂。小黄如果工作成绩出色，就会派她到分厂做财务副主管。

周一早上，小黄来上班，被门卫拦住。小黄说："我今天第一天上班，没有胸卡。"门卫说："谁能证明你是我们厂的人呢？"小黄说认识总经理和人事部经理，但不知道他们姓什么，也不知道他们的电话。都 20 分钟了，门卫不放行，小黄气愤地说："总经理都亲自面试我的，你这个小小的门卫怎么这么多事……简直是无理取闹。"门卫说："你说不出人名，我怎么能放你进去！"小黄这时非常激动，与门卫争吵了起来。

后来，小黄找到了学校的就业办何老师，在与人事部主管联系后，让小黄第二天再来报到。但气愤的小黄后来放弃了这个机会……

【议一议】

1. 门卫不让小黄进大门是无理取闹吗？为什么？

2. 如果是你遇到了这样的情况，你会怎么处理？

> 情况是在不断地变化的，要使自己的思想适应新的情况，就得学习。
>
> ——毛泽东

活 动 体 验

交 换 角 色

【活动目的】

用换位思考的方式，体会交换角色之后的认知和体验。

【活动时间】

15 分钟。

【活动道具】

室内活动，白板纸和白板笔。

【活动步骤】

1. 把全班学生分为四组。

2. 每组从"警察、餐厅服务员、环卫工人、公共汽车售票员"之中选择一种角色。

3. 每组就选中的角色进行讨论，如警察这个角色在生活中应该怎么做、不该怎么做？

4. 各组分别分享自己的讨论成果。

【体验分享】

1. 你选择角色的主要特点是什么？让你觉得不好把握的是哪些方面？

2. 在服务者和被服务者发生冲突的时候，你认为应该怎么办？

探 究 明 理

📖 进入职校已经成为"准职业人"

进入职校，我们已经不是一个纯粹学习知识的学生了，而是一个"准职业人"。因为我们已经开始了为自己未来进入职业状态而做准备，要通过职校的学习，打开未来的职业之门，踏上自己人生的成功之路。我们需要开始认识企业对员工的要求，以企业对员工的标准对照自己，使自己初步具备职业人的基本素质，能够适应企业的环境。

案例：他们怎么能不理我？

学习会展专业的小美是公认的校花。她长期担任班长、团支部书记，学习成绩优秀，毕业后到了一家会展公司。小美被分到会展项目部做助理。

正式上班的第一天，她从衣柜里挑选了最贵最正式的一套职业装，精神抖擞地出了门。人力资源部经理把她领到所在的部门后，同事们都和她打了招呼，然后又各自忙自己的事，部门里再也没有一个人抬头看她一眼。部门经理注意到了无所事事的小美，对她说："刚才来了个客户，请帮忙给他倒一杯水。然后，你能不能帮同事们缴一下手机费，他们太忙了，你去吧！回来的时候可以给同事们买好午饭，就要楼下必胜客的比萨就行。"接到一连串的命令，从办公室出来的小美很失落，觉得自己做的事没有一件是重要的事，简直就是个可有可无的人。

一周之后，小美还是在做给别人打杂的工作。她觉得非常委屈，想着想着就哭起来。经理看到了赶忙问情况。小美说："部门的同事，他们竟然……"经理开始担心，着急地问："他们怎么样了？是不是欺负你了？"小美泪流满面，非常痛心地说："他们竟然不理我！"经理正想着怎么开导她，就听到小美坚定地说："他们不理我，我就再也不理他们！我不干了，我立刻辞职！"经理一片茫然。

【议一议】

1. 是什么让小美决定辞职呢？是同事的态度，还是她自己的心态？

2. 如果你的好朋友有类似小美的情况，你会如何去帮助她？

小美在学校里是个优秀的学生，但在工作后，没有意识到工作环境的变化导致自己的角色也发生了变化。在家里、学校里，小美一直是身边人关注的焦点，是父母疼爱的女儿、是老师喜欢的学生；而到了工作岗位上，要成为同事的助手，要建立平等的合作关系，要互相照应，互相补台。而她认为自己处在公司的最底层。

小美的社会角色改变了，但心态并没有随之调整，还是一个小孩子的心态，抱怨同事、抱怨工作、抱怨环境。不能正确对待学校的环境，就无法适应未来工作的环境。

人们常说，环境改变人，环境造就人。而对于一个初入职场的新人来说，是自己适应环境，还是让环境适应自己呢？认识新角色，才能适应新环境。

案例：灌篮高手黯然失败

赵大成是班里少有的大个男生，投篮的感觉非常好，他一出现在操场就吸引很多人的视线。平常在操场上比赛，他几乎是常胜将军。年级的篮球赛开始时，大家都觉得赵大成的班取得冠军是理所应当的事。

在小组赛，赵大成是全队的核心，所有人都在支持他。所有人都给他传球，为他创造得分机会，其他队友甚至都不敢独自投篮。就这样，赵大成带领自己的队友一路过关斩将，很快进入了淘汰赛。这时剩下四个队，在赵大成的眼里，先赢了这场比赛，就进入冠亚军争夺战，再打一场就是冠军了。赵大成信心十足，甚至和队友聚餐提前庆祝胜利。

半决赛阶段，赵大成在一开始就给对方一个下马威，一个漂亮的三分球，两个快攻三步上篮，顺利取得了 7 分，大家都很兴奋。可没有想到，对方却不着急进攻，加大了防守力度，常常是两三个人拼死防守赵大成，把他看得紧紧的。赵大成的攻击力大打折扣，整个队似乎就失去了进攻的力量。与此同时，对方利用赵大成的失误进行反攻，慢慢把比分追平。这让赵大成很气愤，很急躁，他开始大声斥责同伴，可是同伴的表现仍然无法让赵大成满意。他开始行使自己队长的权力，频繁换人。其他同学有怨言，但不敢表达。而这样的做法并没有挽回局面。

让赵大成不解的是，自己的同伴为什么越来越没有士气，自己的投篮为什么也不那么准确了，而对方却稳扎稳打，步步为营。尽管自己也曾单枪匹马有过几次突破得分，但很快被对方追回来。赵大成感觉自己的队只有自己一个人在打比赛，而对方 5 个人是一个整体。到下半场，赵大成体力下降，他竟然感觉力不从心了。最终，对方以不太大的优势获胜。

输了这场比赛就意味着赵大成与冠军无缘了，他无法接受这样的结果。失败其实不可怕，然而班上的同学对他没有安慰，反而有一些怨言。

【议一议】

1. 在比赛中，赵大成有两个角色，一个是场上主力角色，另一个是进攻的组织者。请你说说这两个角色各自的职责是什么？

2. 技术高超的赵大成为什么没有最终取胜？这里面会有什么样的原因？

篮球比赛是一个团体项目，即便是每名队员都有突出表现，但没有与团队形成合力，那么仍然是一盘散沙。在比赛中，赵大成的作用是不可替代的，但一个人的优秀并不能替代集体的作用。作为一种集体对抗项目，篮球比赛中的得失和起伏都属于正常情况，如何与队友加强沟通，加强配合，互相谅解，互相鼓励，这是作为一个团队核心人物应该有的对策。胡乱的发脾气，胡乱的指责队友，只能让一个团队更加涣散，更加离心离德。

类似的情况在校园生活中比比皆是，而这些情况在职场上也是一样的。在职场的团队中，我们每个人都是在为工作目标而努力。在一个团队中，不同人的理解又不尽相同，就需要每个成员不断交换意见达成共识，沟通到位。有了良好的沟通，大家愿意互通有无，才有进一步合作的基础。

在职场上求生存求发展，就要遵守职场上的规则。要成为一个职业人，首先要确立"我不是学生了"，把"学习是主要任务，别的事干不了"这样的心态彻底丢掉。对在校的同学而言，就是要在校园中锻炼好自己的能力和素质，准备以更专业的状态进入企业，为企业服务。

📖 好学生不等于好员工

每个人都希望在集体中有一席之地，在家里是好孩子，在学校里是好学生，在企业里是好员工。学校里的好学生就能成为企业的好员工吗？要弄清这个问题，我们就要搞清楚企业的评价标准和学校的评价标准。

案例：你知道我们企业是做什么的吗？

一所中职学校就业办何老师接到一企业人事主管的电话，说公司需要招聘销售人员，问他们学校有没有合适的毕业生。何老师很高兴，从毕业班中选了三个比较优秀的学生安排第二天上午去企业面试。

第二天下午，这三个同学哭着回到学校，告诉何老师：企业刁难他们——公司的面试官晚了半个小时才到现场，只问了三个问题，聊了不到十分钟就让他们回来了。

何老师赶快给那位人事主管打电话，想从侧面了解情况。那位面试三位学生的人事主管解释了原因。

第一，正式面试前的确是让这三个学生等了半小时，而这是面试的环节之一。因为他们将要做的是销售工作，在现实生活中，拜访客户时，有时客户会让我们等几个小时才见面；而签订销售订单，客户更有可能让销售人员等几个月甚至半年时间。面试安排这个环节就是看在等待时，应聘的同学会有什么样的心态，会如何应对。

第二，面试官问学生：你们知道我们企业是做什么的吗？学生回答，不知道。又问：你们知道我们公司的产品是什么吗？学生还是回答，不知道。学生在得到面试通知时已经知道公司的名字，来之前却没有主动去网上了解这些最基本的情况。试想一个销售人员在见客户前，能在对这个客户一无所知的情况下完成销售吗？

第三，面试官最后问学生：你们有什么问题吗？学生的问题是：公司几点上下班，公司休假情况，公司有几险几金等。这全是自己关心的问题，其他就没有了。面试官说，学生最后关心的几个问题都是站在关心自己利益的角度上，而没有关注企业的意识。其实，这几个问题是正规的企业为员工解决的基本问题，是根本不需要员工考虑的问题。

最后，面试官告诉何老师，他看了这几个学生的简历，他们学习成绩不错，都是学校中的好学生；但在企业看来，他们仅仅是具有知识学习的能力，他们实际为人处世的素质却很低，更不要谈销售工作所需要的职业素质了。企业如果培养这样的员工，一定需要投入更多的人力成本，时间成本也太大。所以，就没有录用他们。

【议一议】

企业所需要的好员工的素质与我们理解的好学生有什么不同？

好孩子、好学生、好员工，同是一个"好"字，却有不同的含义。好孩子，是家庭中的称谓，父母通常认为孩子好好吃好好喝，能听话就是乖孩子；好学生是学校里的称谓，老师通常认为学生成绩好、表现好、爱护集体、关心集体就是好学生；好员工是企业中的称谓，老板通常认为员工能吃苦耐劳、能与别人配合、工作业绩突出的才是好员工。评价的标准不同，评价的角度不同，结果也迥然不同。

那么，校园和职场对"好"的判别上具体有哪些不同呢？

第一，校园和职场的评判标准不同。校园评价学生是否优秀的标准是德智体美劳。其中学习成绩是反映一个学生学习能力的主要方面，所以，取得更高的分数是老师和学生的共同追求。而很多企业都有"人尽其才，才有所用"的人才观，品德、知识、能力和业绩作为衡量人才的主要标准。当然也有的企业会不唯学历，不唯职称，不唯资历，不唯身份，不拘一格选人用人。公司领导要的是结果，要的是"出活儿"，也就是说按时按质按量地完成任务。很多学生初入职场时，对这点很不适应。有些女生哭着鼻子说："我已经很努力了，为什么还要批评我？"在公司里，"我努力了"这种解释是没有用的，因为付出"苦劳"是应该的，只有"功劳"才能体现你的价值。

第二，校园和职场需要的能力不同。学生学习靠的是学习力，工作以后看的是执行力。在校园里，考试要拿高分，文科生靠的是理解力、记忆力，理科生靠的是逻辑推理和演算能力。而走进公司，要想成为职场达人，更多的是需要发挥自我管理、协调沟通、团队协作、解决问题的能力。

在企业中经常发现，职校生有时会比一些大学生更容易如鱼得水，不仅工作业绩出色，而且深获周围人的好评。这是因为职校生更懂得与人相处的能力，与众多的人共同完成任务的能力，而这正是职场上最重要的能力。综合职业素质决定了一个人是否能顺利进入职场，而且还决定了他在公司里能走多远，做到多高的位置。

第三，校园和职场的评价维度不同。校园里的维度很简单：一条主线，分数越高越好；一条副线：社会活动越多越好。而公司里的评价维度则要丰富得多，包括自我管理、任务执行、与他人合作、环境变化适应等多个维度进行评价。

📖 做好职业角色转变的准备

从学生角色转变为职业人角色，对中职生来说是个很大的跨越。学生的角色是经过九年的时间逐渐形成的。要转入"准职业人"这个新角色时，也会有个认知和适应的过程。如果遇到不适应、不顺心或不如意的方面，自然就会产生恋旧式的心理，留恋学生生活，怀念校园环境。

案例：他做错了什么

计算机专业的张凯毕业后到国内知名电脑品牌做维修工程师，他很珍惜这个机会，对工作很有激情。但时间不长，他发现：自己稍稍做出点成绩，大家会用异样的态度对待他，甚至在背后对他指指戳戳。他不知道自己做错了什么？也不知道这其中有什么"潜规则"？但这令他有点灰心，经常怀念在学校的时光：那时同学之间不会勾心斗角，也没有形形色色的眼神……

【议一议】

初入职场时面临公司中同事的不理解，如何应对呢？

中职生到了十六七岁，已经接触过一些角色，如父母的子女，学校的学生，同学的同学等，在这些角色中，同学们对"学生"这个角色了解更深入。角色认知和角色转变是一个自然而然的过程。只要你能胜任一个角色，在进行角色转变时都是可以参照的，完全可以参照学生的做法，规划一下如何做好一个职业人。

同时，不论校园还是职场都需要做以下四件事。

- **从日常生活点滴入手，学会自我管理**

男生小孙从小就倍受父母关爱，独立生活能力相对弱一点。在入学后，新生军训第三天才在父母的陪同下来学校报到，住学校的第二天晚上和同班的另外两位学生爬围墙外出上网。小孙上学不到两个月就逃学回家。理由是食堂的饭菜不合口，生活不习惯，小孙想退学。经多方劝导，学校安排老师和同学有针对地关照他，他才慢慢适应学校的生活。

在实习阶段，学校安置小孙与三十多名同学一同实习。实习期三个月后，有近三分之一学生离厂返校，小孙也在其中。经了解，小孙说自己在外实习很想家想学校，吃不好住不好，不习惯。

小孙这次的情况是不想继续实习，与两年前的不想上学的理由都是吃不好，生活不习惯。已经过去两年了，但小孙却没有一点进步。仅仅因为想家就中断实习，实在可惜。在学校中无法独立生活照顾自己，在实际的生活中就无法独立完成自己的职责；在学校中不能遵守学生的日常守则和基本要求，在工作中就无法完全按照员工的岗位职责做到位。尽管是日常生活中的小事，却是有序地生活和工作的基本保障。

- **服从领导安排，遵守工作纪律**

曾有同学在班级安排任务时挑挑拣拣，总希望干一些容易做而且有效果的事。同样，步入工作岗位后，也希望做一些相对容易的工作。

要乐于接受工作安排，不要挑挑拣拣，即使有不同意见，也要干一段时间看看是否适应，然后再向领导反映问题，根据实际情况提出来，但一定不要提出过高的或一时难以解决的要求。

- **学会与别人相处，举止得体**

无论是在校内校外，我们所遇到的交往对象的学识经历不同，气质风范各异，性格特征各有特点，与其交往沟通的方式也要有所区别。在加入一个新的团队后，要使自己由一名"局外人"快速变成集体中和谐、融洽的一员，就需要与人打交道。在人际交往中待人接物是常会遇到的，一定要关注自己的形象。这不仅展示自己的形象，更是在展现宿舍形象和班级形象，未来进入企业也会成为你所在部门的形象。

- **从小事做起，体现敬业精神**

小事能体现一个人的敬业精神，做事积累经验都是给自己做的。刚踏上工作岗位时，很可能在一段时间内，你每天所面临的工作也许是抄抄写写、收收发发、迎来送往等"小事"。扎扎实实地从小事做起，不折不扣地完成小事，都是展示自身做事精神和态度的过程。我们要从大处着眼，从小事做起，从点点滴滴做起。因此，无论干什么工作，心平气和地接受所遇到的各种小事和杂事，努力完成别人交给的任务，只有这样才能长经验、出业绩、有成就。

【拓展训练】

角 色 互 换

【活动目的】

通过角色转换，体验师生之间的期望与要求，理解各自的责任与义务。

【活动时间】

20 分钟。

【活动准备】

1. 准备四张纸条，各写两位老师和两位学生的角色卡。

2. 场景的具体要求如下。

场景一：学生没有吃早饭，就在老师上课的时候吃东西，弄的教室了有了食物的味道，影响了其他同学。

场景二：老师检查上周的学习内容，有几个学生没有回答上来。老师找学生谈话。

【活动步骤和要求】

1. 分成四个小组，分别扮演两对师生的演练内容。

2. 抽签后分别完成各自的任务。

3. 按照角色卡，"老师"和学生都认为自己有道理，如何应对各种的场景。

4. 通过小组讨论，未必有最终的答案，但要从中理解各自的职责是什么，找出调整的方向。

【延伸阅读】

从校园到职场的七个转换

离开校园迎接人生第一份工作的挑战，对涉世未深、缺乏工作经验的毕业生来说，存在着相当大的压力。在从学校人到职场人转型的过渡过程，完成七个方面的转换至关重要。

一、从宏大的"人生理想"向现实的"职业理想"转换

进入职场，我们会感到理想与现实之间的落差太大，一时难以接受。当务之急是把理想转化为职业目标，并制定出切实可行的方式方法，去实现职业目标。搭起一座桥梁让自己从理想走入现实。

二、从青苹果"学校人"到成熟"职业人"转换

从学校人转变成职场人，应从企业文化、业务流程、公司制度、仪态仪表、接人待物、为人处世等多个方面进行了解，企业需要的是什么员工，什么职位应该具备什么样的素质，如何能够更好地发挥自己的潜力。千万不要用你的习惯去改变环境，而是要学会入乡随俗，适应新的环境。

三、从单纯的处理问题向复杂的人际关系转换

新到一家公司，崭新的生活方式、陌生的社会环境、复杂的人际关系，都让职场新人感到不习惯。学会和各种各样的人打交道，锐气藏于胸，和气浮于脸，才气见于事，义气施于人。学会基本的职场规范和礼仪。

四、从系统的理论学习向多方位的实际应用转换

对于学生来说缺乏实践经验就很难提到发展，没有经验则只能打下手。职场新人应以谦逊的态度去向别人请教，多练习多实践就会进步很快，会与老同事建立良好人际的关系，让自己很快融入到集体中去。

五、从散漫的校园生活向紧张的工作模式转换

任何一项工作都是需要职业人团队环环相扣互相配合来完成的。工作的规范、互相的配合、人际间的沟通，会让人觉得企业的工作压力远远大于校园。

六、从浮躁的心态向理性化转换

不管什么用人单位，他们都需要一个谦虚谨慎、好学上进的员工；勤奋刻苦，把远大志向落到实处、树立责任感、执著追求事业的态度。

七、从家长的呵护向自我保护转换

很多的学生都很依赖家长，而作为职业人需要自立，需要自己判断、自己选择，自己对自己负责任。独立的担当就是成熟的重要标志。

综 合 测 试

一、测一测

1. 你刚到进入学校时，是通过（　　　　）的机会让别人记住你的。

    A．学科考试成绩优秀 　　　　　　　B．性格好，乐于帮助别人

C．自己的特长展示　　　　　　D．自己有特点的外貌

E．在做事方面的失误

2．从学生到"准职业人"，再到职业人，你认为正确的态度表现是（　　）。

A．了解职场对职业人的要求，了解企业

B．车到山前必有路，顺其自然

C．有老师和家长，他们肯定有办法帮我

D．勇敢的面对问题，独立地解决自己遇到的问题

E．每个问题都会有解决的方法，我要去找到它

二、练一练

分析在电影《阿凡达》中，主人公要成为一名真正的纳美人，都做了哪些努力？他的哪些方面对你进入职场有借鉴？

第五课

测测面试能力

【案例导入】

因为家境贫寒，前任香港特别行政区长官的曾荫权在年仅 20 岁时就辍学踏入了社会。其时，正是经济萧条时期，要想找一份较为理想的工作极为艰难。一家知名医药企业刚刚贴出招聘科员的启事，就引来了数十名应聘者，曾荫权也在其中。

面试时，数十名应聘者被一一编了号，曾荫权因来得较晚而被编在了后面。

面试开始不久，几位应聘者阴着脸从招聘办公室走了出来，他们说："招聘条件很苛刻，没有大学文凭和两年以上的从业经验者，一概不收！"

等待面试的应聘者"呼啦"一下走了一批，曾荫权没有跟着他人一起走掉。

一会儿，又一批应聘者出来，他们更为沮丧地说："公司要求有大学文凭和两年以上的从业经验，而且还要求年龄在 25 周岁以上！"

剩下的应聘者又散去了一部分，但曾荫权仍然没有走。

这时，曾荫权身后的人小声地问曾荫权："小伙子，你符合他们的应聘条件吗？"曾荫权回答说："一条也不符合。"那人说："那你还在这里做什么？不如走掉算了！"曾荫权听后，笑了笑说："机会难得啊！即便是不符合条件，也应该有试一试的勇气啊，说不定就被录入了呢！"剩下的应聘者觉得他有些自不量力。

但随后的结果让那些认为曾荫权自不量力的应聘者们大吃一惊：曾荫权以超于常人的勇气和伶俐的口齿，被破格录用为药品推销员。

【议一议】

1. 曾荫权靠什么能谋到这一职位？如果你遇到同样的情况会怎么处理？

2. 你认为要做什么准备才能在出校门时，谋得一份称心的工作？

> 决定我们成为什么样人的，不是我们的能力，而是我们的选择！
>
> ——哈里·波特

活 动 体 验

谋职大挑战

【活动目的】

体验面试过程，找到自己在面试中急需提高的能力。

【活动时间】

30 分钟。

【活动道具】

根据各班专业情况，设置四五个工作岗位，让同学们先在上课前写好自我介绍（150~200 字），在演练之前可根据课程内容进行相应的修改，然后一个个演练。

【活动步骤】

* 第一部分

1. 选择一个职位做准备。

2. 每人 1 分钟自我介绍。

3. 还剩 10 秒时铃声提示，时间到必须下场。

4. 结束后进行自评与点评。

● 第二部分

1. 每人抽签选择一个面试题目，而每道面试题目分别由 3 ~ 4 位同学回答。

2. 每人准备 3 分钟。

3. 结束后进行自评与点评。

【体验分享】

以小组为单位，小组成员围绕以下问题，分享各自的活动体验。

1. 如此多的人员竞争同一个职位，希望同学们思考一个问题，企业为什么会录用你？

2. 你认为影响大家发挥的主要因素是哪些方面？

3. 反思自身需要提高哪些方面？

4. 在活动中你还有哪些感受？

探 究 明 理

📖 面试是就业的重要环节

在人生的旅途中，能找到一份令自己满意的工作是一件很重要的事情，这不仅满足我们美好物质生活的需要，更重要的是能给我们一生事业的成功。找到一份满意工作有一点很重要，这也是每一位职业人进入职场的第一把钥匙，那就是面试。

在这个问题上，很多刚走出校门的毕业生，都会有这样的感叹，谁能给我有一次面试的机会，谁能给有一个满意的工作，谁才是我的伯乐？

案例：上帝为什么不救我

一位修士不小心跌入了水流湍急的河里。但他并不着急，因为他相信上帝一定会救他的。正好有人从岸边经过，但他想上帝会救他的，于是没喊。当河水把他冲到河中心时，他发现前面有一根浮木，但他想上帝会救他的，于是照样在水中扑腾，一会儿浮一会儿沉。最后，他被淹死了。

修士死后，他的灵魂愤愤不平地质问上帝："我是一位如此虔诚的传教士，你为什么不救我呢？"上帝奇怪地问："我还奇怪呢？我给了你两次机会，为什么你都没有抓住？"

【议一议】

你是否意识到，出现在你身边的每一人都会带来机会。那么，你如何在每次见面的时候，把握住机会呢？

机会随时都有，就看你如何发现和把握，这个故事告诉我们的就是这个道理。如何发现就业机会，把握就业机会，关键不在于企业，在于我们自己。

面试是一种面试官与求职者之间相互交流信息有目的的会谈，它使招聘方和受聘方都能得到充分的信息，以做出正确的决定，是一个双方彼此考量和认知的过程。面试时面试官向求职者提供企业的概况、应聘岗位的情况及企业的人力资源政策等信息，并从求职者那里获取应聘者的专业知识、岗位技能和非智力素质等信息，以确定求职者能否成为公司的一员，最后，基于双方的相互适合度做出聘用的决定。

企业招聘流程

📖 求职材料制作面试准备

分清"软""硬"条件——分析招聘广告内容。

分清"软"条件和"硬"条件，这是提高应聘效果的关键。用人单位对所招聘员工的种种要求是很明确的，这些要求对求职者来说，有"软硬"条件之分："软"条件是有商量余地的，"硬"条件是不可商量的。

招聘广告：某公司招聘高级财务人员 2 名

要求：

一、财会专业本科以上学历；

二、本市常住户口；

三、年龄 25 岁以下；

四、有助理会计师职称；

五、男性；

六、有敬业精神、责任心强；

七、秉公办事、作风正派；

八、做事有条理，管理能力强。

【议一议】

在这则招聘广告中，什么是"软"条件，什么是"硬"条件？

细读后发现，广告要求的一至五条是相当具体、实实在在的，属于"硬"条件。如果求职者有一条不符合的话，用人单位是不会接受的。而六至八条是"软"条件，伸缩性很大，没有一个统一的标准，但拥有丰富经验的面试官会在面试过程中捕捉谋职者以往积累的"软"条件。求职者在面试之前更需要储备的就是"软"条件。因此，求职者应聘前一定要认真细读招聘广告，弄清招聘广告中的各项要求，这样应聘时就能有备而来。

"表白信"——求职信

小张平常比较喜欢书法，写得一手好字。在参加招聘会之前，他看到同学们都打印求职信，觉得大家做出来的千篇一律，没什么特点。他灵机一动，决定手写几份求职信。在招聘会上，当小张向某单位递上自己的求职信的时候，用人单位一下子就被吸引住了：因为别人的求职信都是打印或复印，唯有小张的求职信是手写，而且写得非常工整、漂亮。在简短的交流之后，招聘人员当场就决定让小张直接参加由该单位总经理亲自主持的复试。而小张回去后等了半个月都没有信息。后来才知道，小张忘了留下完整的联络方式，公司没有联系到他的方法，最后失去了一次机会。

【议一议】

是什么让小张引起用人单位的注意？又是什么让小张失去此次机会？

求职信，是指求职者写给招聘单位的信函，它是书面表达求职意向的重要体裁之一。

求职信格式：

1. 称呼

开头最好直接写用人单位名称，如尊敬的××公司，因为网上投的简历大多是千人一面，很多人甚至采用批量投递的方式，因此，写用人单位名称，会让招聘人员觉得你重视这个岗位。写成尊敬的公司负责人或领导也行，这样便于批量投递。然后说明自己想应聘的职位，如获知贵公司在××网站上招聘××岗位的信息后，寄上简历敬请斟酌。

2. 自我介绍

自我介绍一定要非常简洁，用几十字突出自己的职业背景。最能吸引企业招聘人员的求职信，一定是与企业招聘岗位要求紧密结合的，所以，可参考目标岗位的岗位任职要求。求职信中的自我介绍千万不要太长，更不要千篇一律，这样反而让招聘人员觉得此人没有特点。例如，本人有很强的责任心和严格的执行力，反应灵敏，洞察力强，有亲和力、组织力，工作认真负责，有魄力，处事果断，勤奋敬业，意志坚强，吃苦耐劳，身体健康，心理素质好，形象气质佳。这样的自我介绍罗列了很多，没有特色，也不易让人信服，没有太大的价值。

3. 联系方式

在求职信中可说明自己的求职状态及方便面试的时间，并给出最便捷的联系方式，通常留下手机号是最明智的表现，如学习或工作时间不方便接手机，可在此说明，并留下其他联系方式。

4．结尾与署名

标准的信件格式即可，如感谢您阅读此信，详情请见我的个人简历及附件资料！

此致

　　敬礼

×××

××××年×月×日

"敲门砖"——简历

简历，就是对个人学历、经历、特长、爱好及其他有关情况所做的简明扼要的书面介绍，是个人形象、资历与能力的表述。

简历格式：

个人的简历写法也可以各有特色，但不管如何布局安排，都要层次分明，简捷明了，突出重点。通常情况下，简历多采用的是开始部分、中间部分和结尾部分的写作方式。

1．开始部分：基本情况与求职目标

基本情况：姓名，年龄，学历，婚姻状况，健康情况，联系地址等。

求职目标：要结合自己的实际情况去选择职业目标，应该考虑的因素有：专业所长；兴趣爱好；待遇；能力；学历；年龄；性别；性格。

2．中间部分：主要陈述个人的求职资格和所具备的能力

专业：包括所学的专业和业余所学的专业及特长；具体所学的课程内容等；所受教育的阶段；具体的证明材料、证书等；教育背景的陈述，要突出与求职目标密切相关的论文、证书与培训课程等。

工作经历或能力素质：说明工作经历或拥有的能力素质，尤其是与求职目标相关的能力素质；一定要有信服力；说明的语气要坚定、积极、有力；要有具体的工作、能力、关系等证明材料等；写工作经验时一般是先写近期的，然后按照年代的顺序依次写出。在每一项工作经历中先写工作日期，接着是工作单位和职务。在这部分需要注意的一点是，陈述了个人的资格和能力经历之后，不要太提及个人的需求、理想等。

3．结尾部分：提供相应的证明材料

多提供证明自己资力、能力以及工作经历的证明材料，其中也包括教育资料的补充，如学历证明、学术论文、获奖证明证书、专业技术职业证书、专家推荐信等。这些材料可以列在另外的附页上。如有必要，可以附加证明人一项。但需要说明的是，在证明人栏目中要说明证明人的姓名、职务、工作单位与联系方式。当然，你也可以在简历结尾处注明"一经需要，即提供证明人"等。

简 历 模 板

基本情况				
姓　　名		性　　别		照片
出生年月		民　　族		
户口所在地		现居住地		
婚姻状况		身　　高		
自我评价				
教育背景				
毕业学校		学习时间		
专　　业		学　　历		
主要课程				
技能专长				
计算机水平				
语言水平				
有关技能				
应聘职位				
工作性质		全职		
应聘的职位				
联系方法				
联系电话				
电子信箱				

　　简历的目的是为获得面试机会，当你得到面试通知之后，可能要面临一轮或是数轮的严酷面试。"知己知彼，方能百战百胜"，我们要在面试前做一番细心准备。

面试准备之一：心理备战——"假想"

　　面试的前几天调整好情绪，保持良好的精神面貌。最主要的是善用"假想"。有个很著名的美国短跑运动员曾经说过她的成功秘诀之一便是"假想"。除了刻苦的训练和心理调节外，她在每次赛前都会假想跑道的长度弯度、跑道的材质弹性，周

围的人声人浪甚至场边青草的香味。

面试前不但要假想面试的场景气氛，而且要想好每一步可能发生的情景。对于自己的履历应该烂熟于心，对于一些常规性问题早做充分准备。例如，自己能为公司做些什么？为什么认为能适合并胜任这份工作？对于自己的优势弱势更要理性分析，尤其是针对诸如"自身缺点是什么"这样反面的提问，要想方设法地用简洁而正面的语言抵消反面问题。

面试准备之二：仪表备战——"适当"

案例：阿方的面试

阿方同学很高兴，因为他收到了一家食品销售公司的销售员岗位的面试通知。面试那天，他从同学那里借来了一件西装，好好把自己打扮了一番。

面试时，阿方很紧张，一直双眉紧锁，表情凝重。虽然对考官的问题都对答如流，但他自我感觉不好。在宣布面试结果时，考官一句"很遗憾"，阿方被淘汰了。

他很沮丧地离开后，立即找到自己的老师去述说委屈。老师边听边打量阿方，然后说：先不要责怪人家，你对着镜子来看看你自己的表情与这身打扮。阿方发现自己眉头一直紧缩，表情很不自然。而且身上的西装也偏小不合身，衣袖短了一截；裤子穿的是牛仔裤，还穿了一双运动鞋。再看看发型，前发遮过了前额，后发都过了衣领。虽然你的专业知识准备得充分，但你没有给面试官留下良好的职业形象。

【议一议】

你会给阿方提一些什么建议，让他更有职业形象？

其实，找工作也如同商业行为，雇主是买方，你是卖方，要吸引买方，除了"慧中"外，还要"秀外"。况且，当你踏进面试会议室后给人的第一印象就是你的仪表。

考虑衣着时请先考虑公司的性质以及应聘的职位。如果公司规定穿制服的话，你就要准备整洁大方的套装。如果是网络公司的话，便装也可以搭配的大方得体。不过若你是应聘销售、公关、市场以及高级职位的，穿深色或者灰色的套装会比较合适。服装问题应该在面试前一天就决定，以免到时为穿着犯愁。

对男士而言,深色西装适合任何面试,再配上白色或者浅灰浅蓝衬衣、款式简洁的领带。切记不可选择颜色明亮的领带,廉价蹩脚的领带夹也会减分。衣服必须干净平整,头发务必梳理整齐,皮鞋擦亮,指甲清洁,还要刮干净胡子。

女士的服装比男士有更多的选择,但仍以保守为佳:深色或者中性色的套装或夹克和裙子,配上一件端庄的衬衣(切忌有花边),穿深色长统袜以及半高跟的轻便鞋子(不要穿露出脚趾或细高的鞋跟)。使用棕色或黑色的手提包,将化妆品、履历表等放在里面。裙子以过膝的一步裙为好。发型也需保守。另外,白色、亮眼的黄色橙色、粉色系列的套装不太适合面试。所有服饰只是静态的点缀,而最真正具有灵性的点缀就是你的表情了。眉头舒展,目光直视而不冒犯对方,表情大方自然,微笑。

面试准备之三：材料备战——"完备"

- 钢笔或签字笔两支：为什么要两支？做备份以防万一,带钢笔或者签字笔是以备随时填写正式的表格。

- 记事本：面试时记录或计算可能用得到。将笔和笔记本放在手提包的外层,方便随时使用,不至于到时现翻,既浪费时间又显得缺乏组织能力。

- 最近更新的简历：至少两份。即使简历已使你获得面谈机会,约谈者仍有可能收取另一份简历,准备完整的简历有两个目的:第一,在公司填写申请表时,可随时取出作为参考;第二,面谈后可直接留给公司。多准备几份的目的在于如果不止一个面试官的话,可以表现出你的仔细完备。

- 文凭和各种证书：如果担心丢失,就带复印件。

- 照片和身份证：有可能用不着,但有备无患。

- 报纸或者杂志一份：有时等候面试的时间很长,最好携带相关专业杂志,可以显现出你始终关注这个领域的动向。

- 公文包一只：若要携带以上物品,可要准备一只适合自己的公文包。

- "秘密武器"：如果你有工作成果的证明或者作品甚至专利证明,请务必带上,这可是证明你自己的最好的"秘密武器"。

面试准备之四：背景备战——"详尽"

熟悉求职公司会给面试官留下良好印象,因为你对公司了解越多,表明你对公司及工作越有兴趣。此外,还可以增加你在面谈时的自信。了解公司越多,越能把握自己,应付如流。

一般公司通知你面试有两种方式，一是电话，二是 E-mail。面试通知的到来也意味着你"侦察行动"的开始。如果是电话，除了记下对方公司名称、面试时间地点外，不要简单就说再见，请尽力搞清如下问题：

- 面试的方式：是多人同时进行面试？还是一个一个单独面试？
- 面试的内容：是不是会有笔试？或者此次面试只进行笔试？
- 面试的对象：面试官姓氏和职位，是人事主管还是部门负责人？

如果是书面的通知，你也要及时打电话向对方询问，有了这些信息，你对面试就应该心里有底了。

随后的"侦察行动"自然是搜集该公司的资料，如公司的规模、性质、成立时间、做什么产品或服务、年营业额、成长幅度、人事制度、企业文化、在行业中的排名等，尽量多了解一些，但这其中必须了解的项目有：企业是做什么的？主要产品有哪些？企业的发展历史与网络上的重点新闻信息。岗位的任职资格是什么？岗位的工作内容是什么？

现在的公司一般都有自己的官方网站，这为"侦察行动"省下不少力气，了解得越清楚，你的面试成功率也就越高。一个对他所面试的公司很熟悉的应聘者，往往较容易获得面试官的认同；反之，一个对公司做什么产品都不去了解的人是很难取得面试官的信任的。除此之外，如果能够了解公司的氛围，对你准备合适的穿着和谈吐也是十分有用的。

还有，要尽可能了解你所申请的职位。如果你熟悉岗位的工作性质，你将会成为强有力的申请人。值得注意的一点：为某项特殊岗位做好一切准备绝对是正确的。但是你千万不可将自己局限在某项特殊岗位上，而忽略对其他岗位的考虑。

准备好了这一切，剩下的就是通过地图确定到达面试地点的路线，特别留意一下住地到公司的交通路线，有时面试会提到相关问题，无论坐车、骑车，选一个时间最短的答案备用。有空的话，最好能先去一次，观察一下公司周边的环境，了解公司的办公位置等。

📖 面试无处不在

想在面试中一举成功，需要很强的综合素质，而这种素质不是在面试那一刻才有的，应该是在面试前就修炼好的，而这个修炼的过程是漫长的。很多同学会说，我没有机会锻炼到自己的面试能力，我不知道怎样做才能得到能力的提升。其实在校园里，每时每刻都是面试的机会。

案例：小杨的淡定

小杨是一名幼师专业的毕业生，毕业找工作时，她不想去幼儿园工作，所以尝试到一个港资工厂谋求一个行政文员的职位。面试当天与她一起竞争的有本科生也有大专生，总共是 20 多名求职者谋求这一职位。最后却是小杨笑到了最后。

原来是在面试过程中，小杨无论是形象礼仪、心理素质还是表达能力，都给面试官留下了很深的印象，但唯一让面试官不满意的是她的学历和专业。当面试官提出这些问题时，这时小杨说："我本来的专业是幼师，对组织文艺活动提高企业的文化氛围会有一些帮助，同时我的学习力也很强，文秘专业的知识和技能我可以在 3 个月的试用期里快速的熟悉，一定不会让领导们失望。"

【议一议】

小杨为什么能在面试过程中这么淡定，同时能在 20 多名本科生和大专业中脱颖而出？

原来小杨在校的三年里，因为是幼师专业的原因，有着很多登台演出的机会，同时她是学生会秘书部的部长，还是三个社团的骨干成员；每进入一个组织就拥有了好几次的面试机会，这也使得她并不缺乏面试的经验，同时在这些部门的活动中培养了她优秀的形象礼仪、心理素质、表达及组织能力，因此才会有在面试时闪亮登场的表现。

【拓展训练】

校园里的锻炼机会

【活动目的】

1. 找出在校园里可以锻炼面试能力的事项及活动。

2. 制订行动计划，有步骤地提高自身的面试能力。

【活动时间】

15 分钟。

【活动步骤和要求】

1. 分成四个小组。

2. 宣布活动主题与要求。

3. 小组讨论：校园中有哪些可以锻炼自身面试能力的事项及活动？写在大白纸上。

4. 各小组呈现。

5. 小组讨论：选两个活动，做出行动计划。

6. 小组交叉点评。

【点评分享】

1. 你感觉对方小组的行动计划是否可行？

2. 你还有哪些可以补充和完善的建议？

【延伸阅读】

常见的面试类型

（一）模式化面试。由主考官根据预先准备好的询问问题和有关细节，逐一发问。其目的是为了获得有关应试者全面、真实的材料，观察应试者的仪表、谈吐和行为，以及沟通能力等。

（二）问题式面试。由主考官对应试者提出一个问题或一项计划，请应试者予以完成解决。其目的是为了观察应试者在特殊情况中的表现，以判断其解决问题的能力。

（三）非引导式面试（无目的式面试）。即主考官海阔天空地与应试者交谈，让应试者自由地发表议论，尽量活跃气氛，在闲聊中观察应试者的能力、知识、谈吐和风度。

（四）压力式面试。由主考官有意识地对应试者施加压力，针对某一问题做一连串的发问，不仅详细，而且追根问底，直至无法回答。甚至有意识刺激应试者，看应试者在突如其来的压力下能否做出恰当的反应，以观察其机智程度和应变能力。

（五）综合式面试。由主考官通过多种方式综合考察应试者多方面的才能。如用外语同应试者会话以考察其外语水平，让应试者抄写一段文字以考察其书法，让应试者讲一段课文以考察其演讲能力等，也许还会要求应试者现场操作等。

以上几种面试是根据面试的内容划分的。在实际面试过程中，主考官可能只采取一种面试方式，也可能同时采用。

综 合 测 试

一、测一测

1. 在制作求职材料时需要做的两项重要准备是（　　）。

    A．分析招聘广告内容　　　　　　　B．提高表达能力

    C．求职信与简历　　　　　　　　　D．提高形象

2. 在面试前，需要做的准备是（　　）。

    A．心理备战　　B．仪表备战　　C．材料备战　　D．材料备战

二、练一练

根据自己的专业在网络上寻找一份招聘广告，分析其"软"、"硬"件的要求，写出一份有质量的求职信和一份简历。

第六课

练练就业能力

【案例导入】

在巴西的古镇上有一个贫穷的孩子，他 3 岁起就在街上擦皮鞋，父母东拼西凑总算让他读了小学。一天，他放学回家,钥匙找不到了。当时他的爸爸和妈妈都在外地打工，周末才能回来。怎么办呢？他想把锁撬开，但是没成功。最后他想出的办法是从房子的天窗进去。就在他准备爬上房顶，从天窗里跳进去的时候，邻居博尔巴先生看到了他。

"你想干什么？小伙子!" 邻居问。

"我的钥匙丢了，我无法从门里进去了。" 他沮丧地说。

"你就不能想点办法吗？"

"我已经想尽所有的办法。" 他回答。

"不会吧！你没有想尽所有的办法，至少你没有请求我的帮助。" 说着博尔巴从口袋里掏出钥匙，把门给打开了。小孩愣住了，原来，他妈妈在邻居家留了一把钥匙。

小孩读了 5 年小学就辍学了，12 岁到洗染店当学徒，14 岁进工厂做工。在 55 岁时通过选举成了国家的元首。他就是巴西的第四十任总统 —— 卢拉。

一次，一个小学生问了他一个问题：大胡子总统，您的第一任老师是谁？

卢拉总统深思了片刻说，我的第一任老师就是我小时候的邻居博尔巴先生。当我无处可走，深感沮丧的时候，试着再问一下自己："我真的想尽办法了吗？"

【议一议】

1. 卢拉为什么认为第一任老师是邻居博尔巴先生？博尔巴先生的那句话为什么会对他有一生的影响呢？

2. 当你遇到困难的时候，你是否意识到身边还有可以利用的资源？

> 凡事都要脚踏实地去做，不弛于空想，不骛于虚声，而惟以求真的态度做塌实的工作。以此态度求学，则真理可明，以此态度作事，则功业可就。
>
> ——李大钊

活 动 体 验

留心你身边的环境

【活动目的】

测一测学生对日常生活的留心程度。

【活动时间】

15 分钟。

【活动道具】

在室内进行活动，印刷好的《活动测试表》。

【活动步骤】

1. 先把《活动测试表》印好，发给每个学生一份。

2. 请学生用 5 分钟时间填写作答。

3. 请几个同学谈谈自己做得比较好的方面。

4. 请几个同学谈谈自己的不足。

5. 参照《对在校园里锻炼 16 种能力的思考题》，开始分享。

【体验分享】

1. 我们日常生活中的这些细心，在未来工作中会意味着什么？

2. 你希望提升的能力是什么？

《活动测试表》

1. 教室里有多少扇窗户？

2. 班里有多少女生，多少男生，今天谁没来上课？

3. 你和老师、同学、舍友、朋友见面时的心情是一样的吗？你会和谁主动打招呼？

4. 你最愿意和别人沟通的事情是什么？

5. 你在各种场合介绍自己的内容是什么？

6. 你和团队配合事情时，意见不统一，你会怎么做？

7. 你组织过活动吗？

8. 你每天最重要也必须要做的事情是什么？

9. 你喜欢整理自己的课桌和宿舍的床吗？

10. 宿舍里洗发水、牙缸倒了，你的第一反应是什么？

11. 当你心里突然不高兴了，你通常会有多少种常见的方法让自己开心？

12. 你习惯按计划做事吗？

13. 有这样一句话"我没有说你的态度不好"。当我的重音放在"态度"两个字上，你是否听明白了我想表达的意思？

14. 除了打游戏之外，还有哪几件事情是你一直会废寝忘食去做的？

15. 上课铃声响起，你的心情大多数是无奈的？平静的？还是轻松的？

16. 在宿舍里遇到自己不喜欢的舍友和事情，你第一会采取的处理方式是什么？

探 究 明 理

📖 就业先要学习留下来

"自谋职业""自主择业"是求职者的权利，而"依法用人""自主用人"则是企业的权利。一个人找到了工作只是开始，在工作初期的一到三个月会是试用期。如果企业认为这个新员工不适合、或不能胜任岗位也是会将其辞退。所以找到工作不是目的，能在企业生存下来，还能获得长久的发展才是我们期望的结果。

案例：小李的额外任务

小李是汽修专业的毕业生，在一家汽车修理厂工作。

一天早上，他和另外一个同学被派了一个任务，就是把轮胎套到院子里的树上。院子里的树很容易被车碰到，一些旧轮胎又没有地方放，所以，经理就想到了这样一举两得的办法。经理问小李，有什么问题吗？小李和他的同学说：没有问题。

但是不是真的没有问题 —— 树上边的枝叶长的很茂盛，根本没有办法从上边直接套上去。小李想到的办法就是要把轮胎锯开。他找了一个锯条，断断续续地锯了 5 分钟但进展并不大，就停手了。

套轮胎是小李的额外任务，他的正常的修理工作也有不少。这件事就耽误下来了。第二天下午快下班的时候，经理来找他，问进展情况。小李说，锯太小，不好拿，轮胎的钢线太硬，他锯了 5 分钟都没有锯断，还说自己白天都在忙，一个都没有锯开。经理没有说什么，就当着小李的面，带上手套，找了一个最大号的轮胎开始动手。结果前后用了 20 多分钟就锯开了——这是套在树上的第一个轮胎。

小李明白了！心理的感受很复杂……

【议一议】

小李为什么没有完成经理交代的额外任务？你认为主要是什么原因？

是轮胎真的锯不开吗？是小李连 20 分钟的时间都没有吗？是其他的事真的在干扰吗？恐怕都不是！是小李没有想方设法把事做成的意识，是小李没有认真做事全力以赴的习惯。遇到一个新问题时，试一试的想法是很难能可贵的。一把钥匙开一把锁，每个问题后边都会有答案。找到这些新问题的答案，找到解决方式，这才是职场新人能在企业中立足的根本。

联合国教科文组织为 21 世纪的教育提出了一个极具震撼力的口号："学会生存"。那么，刚刚进入职场的中职生面临的首要任务也是"学会生存"，要学会在新环境中适应与发展的本领。

案例：为什么跪射俑最完整？

秦兵马俑，至今已出土清理各种陶俑 1000 多尊，除一尊跪射俑外，皆有不同程度的损坏。而这尊跪射俑是保存最完整的唯一一尊未经人工修复的。仔细观察，就连衣纹和发丝都还清晰可见。

跪射俑何以能保存得如此完整？这得益于它的低姿态。首先，兵马俑坑都是地下道式土木结构建筑，当棚顶塌陷，土木俱下时，高大的立姿俑首当其冲，低姿的跪射俑受损害就小一些。其次，跪射俑是蹲跪姿，右膝、右足、左足三个支点呈等腰三角形支撑着上体，重心在下，增加了稳定性，与两足站立的立姿俑相比，不容易倾倒、破碎。因此，在经历了两千年的岁月风霜后，它依然能完整地呈现在我们面前。

【议一议】

跪射俑的故事给我们在为人处事方面有哪些启示？

做人如跪射俑一样，如果能低调一点，宽容一点，就更容易为人们所悦纳、所赞赏、所钦佩，这正是人能做人处世的根基。倘若根基浅薄，便难免枝衰叶弱，经不住任何风吹雨打；根深蒂固才有枝繁叶茂，硕果累累。

在职场中，有的人称自己是"打工的"，有的人称自己是"职业人"。而这不仅仅是称呼的不同，反应的是一个人的心态。职业人是把工作当成一项长期的事业来做，打工者则是把工作当成眼前的任务来做；职业人工作是为了体现自己的价值，而打工者则是为了工资，体现自己的价格；职业人想的是"我能为公司增值多少"，打工者想的是"老板让我做什么，我就做什么"；职业人付出的是智慧，打工者出卖的是脑力和体力。由于这些不同，其在工作上的投入度有很大的区别，"打工的"一旦不满意，则会一走了之。

近几年出现一个名词——"跳早族"，通俗地说就是趁早跳槽，这个位子还没有捂热，又换了新位置。据统计，"跳早族"中近90%是主动离职。如今"跳早族"以大学生为主，而中职毕业生中也不乏其人。

案例：荣荣的转变

毕业后刚工作半年的荣荣就加入"跳早族"这个行列。荣荣在学校时是文秘专业公认的才女，毕业后在一家设计公司很容易就找到了一份助理的工作。虽然是小公司，但是各种规章制度也很正规，老总很赏识荣荣，但美中不足的是薪水比较低。

在一次同学聚会上，不少同学都号称月薪比自己高一大截。这让荣荣心里很不舒服，她下了很大的决心"马上辞职"。辞职后通过去几家公司的面试比较后才发现，还是自己入职的第一家公司最正规。而且，她也发现，同学报出的工资很有可能是带着水分的。荣荣最后终于找到一个自己喜欢的工作，体会到踏踏实实的工作心态是自己最需要的。

我将跳向何方？

薪水低　上司怪癖　无偿加班　距离太远　专业不适　交通不便

【议一议】

有些人把"人往高处走"仅仅理解为"人往高薪的地方走"。你是怎么看待第一份工作的起薪的？

学生"跳早"的原因各不相同，通常是认为工作太辛苦没办法坚持，工资太低，工作内容不是兴趣所在，工作与专业不对口等。跳槽这件事，太平常不过了，但频繁跳槽，就会越来越弄不清自己究竟想要什么。

刚出校园，第一份工作是认识职场与职业、认识岗位职责、认识自己的开始，第一份工作是一个将来发展的起点，从一个基层岗位做起，学习与积累了一定社会经验之后，才有可能选择一个符合自己兴趣和特长的终身的职业。

我们提倡"先就业，再择业"。"先就业"就是先在职场中选择一家企业选择一个岗位活下来，"再择业"就是在明白了自己要干什么、怎么干之后，再去择业，有利于自己的职业发展。

📖 就业能力源于校内锻炼

中职生不仅希望有个工作，更希望有个能有前途的工作。但这个前途不是企业提供的，而是靠自己的能力争取的。

案例：李晓斌的职场路

河南15岁男孩李晓斌，就读郑州水利职业学校，第一学年期末考试，原本基础很差的他以平均91分的成绩名列全班第一。在学校时，李晓斌任校报主编，第一次给编辑们开会时，他很紧张，把"散会"说成"回家"，搞得哄堂大笑。很多学生认为学生干部只是芝麻小官，当不当无所谓，李晓斌觉得这种认识是错误的。要知道能力是培养出来的。

2004年3月，李晓斌到一家建筑公司进行毕业实习。别人都躲着加班，他却主动打听、申请加班。有次连续3天加班，每天只睡不到两个钟头，最后硬是在开着的挖掘机里睡着了。

同去的实习生陆续离开。毕业后，李晓斌却被公司留下，月工资也由实习期的600元直接涨到1700元。而按公司原计划，实习合格后工资是1200元。

去年10月，李晓斌出任新郑市一公路项目技术总工，开始独当一面。今年元旦，他到浙江一公路项目任路基工程负责人，同时负责公司海外项目投标阶段的考察。

李晓斌现在的基本年收入在20万元左右。碰到一个好项目，技术分红就可以拿50万元。李晓斌认为，中职生刚毕业，有时连农民工都不如。刚毕业，不应和老板讲条件、谈待遇。一定要摆正自己的位置，弯得下腰。

（中国青年报报道）

【议一议】

1. 刚进入职场时，李晓斌是怎么留下来的？

2. 职场上哪些能力是李晓斌在学校里就开始锻炼的？

因为付出，所以杰出。李晓斌能成为职场达人，并不是偶然的。他在学习基础不好的情况下却获得了高分，展示了他对学习方面的努力和适应能力。在校内做班干部，组织带领大家做事的能力自然而然得到了锻炼；班干部组织大家搜集信息，召开会议，体现了一个人的决策能力。

在职场能"进得去、留得住、干得好"，就一定需要具有很强的职场适应能力。我们将这些能力初步划分为决策能力、创新能力、适应能力、实操能力、表达能力、交往能力、组织能力，称为一个职业人能持续发展的7大储备能力。

序号	能力	提升能力的途径	生活中练习的具体做法	备注
1	决策能力	建立目标，明确执行	开会，搜集信息	
2	创新能力	健全知识，勇于开拓	读书、学会办公软件	
3	适应能力	摆正心态，强化意识	逛街、记地名、做向导	
4	实操能力	参与社团、实习实践	小制作，做家务	
5	表达能力	扩充知识，积极实践	演讲、朗诵	
6	交往能力	理解他人，认识自己	打电话、讲笑话、做自我介绍	
7	组织能力	抓住机遇，学习他人	组织比赛，出主意，写通知	

　　上述这些能力是可以在生活中体现的，是可以在校园活动中锻炼的。根据自身情况，你认为在校园生活中哪些活动可以锻炼上述的相应能力？

📖 校园处处是机会

　　在学校中提升能力的途径，首要的就是担任班干部，其次是多参与班级、学校和社团的各种活动，还要靠自己的积累和总结。

　　曾经有班级做调查："初中时，你有没有当过班干部？""当过什么样的班干部？"调查显示：90％的学生"没有当过班干部"，而当过的大多是文娱委员、劳动委员，几乎没有当过班长或副班长的。"怎么当一个称职的班干部？"几乎都回答"不知道"。由此可见，中职班干部队伍管理经验缺乏，整体素质需要提升。

案例：班干部的竞聘演讲

敬爱的老师、亲爱的伙伴：

　　大家好！我叫章飞，今天我第一次站在讲台上演讲，这第一次演讲就是竞选班长，此时此刻我很激动，也很紧张。班长是一个许多同学向往的职位，需要一个有能力有爱心的人来担当，我相信我有这个能力。我在一二年级都当过班长，大家是不是继续给我这个机会呢？让我的日记里留下为全班同学服务的无比美好的回忆吧！我热情开朗、热爱集体、团结同学、拥有爱心。我的缺点是看不起差生，不爱听别人对我的劝告，在未来的日子里，我将改掉这些毛病。

　　假如我竞选成功当上班长，我将用旺盛的精力、清醒的头脑来做好这项工作，我将举办一系列活动如朗诵、演讲等，当然还有很多我就不多说了。我想我们都应该当个实干家，不需要那些美丽的词汇来修饰。假如我落选了，说明我还有许多缺点，我将继续自我完善。

　　工作锻炼了我，生活造就了我。戴尔卡耐基说过"不要怕推销自己，只要你认为自己有才华，你就应该认为自己有资格担任这个或那个职务"。

　　同学们，信任我、支持我，请投我一票，谢谢大家！

【议一议】

对于参加班干部竞聘的同学来说，可以锻炼哪些方面的能力？

俗话说，"百闻不如一见，百见不如一干"。所有的能力都是在实践中获得的。学生职场能力的储备是在校园中开始的，更是在学校环境中锻炼出来的。

小婷毕业时应聘到一家影楼的化妆师助理。这份工作的工作时间不固定，而且经常加班，什么时候客户约时间就需要什么时间工作，有时可能会拍到很晚。面试官问：这些你能接受吗？小婷说："自己在校期间，从早晨6点多起床，7点就准备上早自习，花多长时间吃饭、多长时间写作业，什么时间就寝，早就养成了很好的习惯，我一定会遵守公司的工作时间完成任务的。"这让面试官很欣赏，因为并不是每名毕业生都能有良好的作息习惯。还有就是她的卫生习惯，让面试官认为她是个很注重细节的人，有着可以培养的潜力。

尽管小婷不是班干部，但她在校期间养成的生活习惯磨炼了她，让公司相信她能将校园里的能力迁移到岗位工作中来，因此给了她工作机会。其实，学校里到处是锻炼机会，只要我们有意识地参与、练习，就可以为未来的职场积蓄能量。

【拓展训练】

成长的八条建议

建议 1. 立足校园安心学习：人才的基础是主次分明；

建议 2. 培养一项兴趣爱好：给自己的职业争取机会；

建议 3. 积极参加各类活动：增强团队意识主动融入社会；

建议 4. 主动申请担任各级干部：提升管理能力；

建议 5. 积极参加社会实践：利用好节假日、寒暑假；

建议 6. 定期拜访其他职校同学：提升人际交流能力；

建议 7. 提前了解职场资讯：综合利用社会信息；

建议 8. 建立个人博客空间：记录自己的成长历程。

根据自己的实际情况，选择某一个建议进行为期一个月的练习。

【延伸阅读】

十大职场生存法则

1. 男女搭档干活不累

在办公室里找到个合拍的搭档这很重要，即便是再能干的人，也不可能独自在办公室里游刃有余。还是别把自己总当成是"水"，运用智慧做一条处处都是碧波海洋的快乐之"鱼"，有时候会比"水"拥有着更广阔的生存空间。

2．同事之间莫谈友情

你当然要和自己的同事友好相处，又默契配合，但这仅限于工作之中，除此之外你要有不同的生活圈子。和同事是没办法成为朋友的，因为你们之间存在利益冲突，而作为凡人的我们，几乎不能逾越这样的诱惑和挣扎，不如尽量避免。

3．没有笨老板只有蠢员工

总是嘲弄自己老板是笨蛋的员工，其实才是最愚蠢的一类，自以为是在任何时候的结果，都会是搬起石头砸自己脚。要知道能做到上司和老板的人，一定比现在还是员工的你略胜一筹，至少是某些方面，不承认这一点的员工更蠢。

4．绝对不要说谎话

生活里说点谎话或许还能在被揭穿后得到原谅，因为其中有真正爱你的人，可办公室里没人是你亲爹亲妈，就别再自己惯着自己了。不论你因为什么原因没有做好工作或是完成任务，那么主动承认错误总比说慌遮掩和推卸责任要有用得多。

5．不能说真话时请沉默

办公室里环境和家里的千差万别，当然会有真话不能全说或是及时打住要选择闭嘴的时候，因为你现在毕竟还只是个员工。不知道自己是员工的人就肯定不是个好员工，所以不能说真话的时候请保持沉默，没人会把你当哑巴卖了。

6．男人要像个男人

办公室里的男人别把自己弄得像个女人般娇气，肩不能扛手不能提的让人鄙视，也别把自己忙得像个牲口，小工般的任人宰割不会升职。最性感的男人是那些在办公室忙忙碌碌洒辛勤汗水，又可以做到礼貌谦逊的男人。

7．女人要像个女人

办公室里的女人别把风情当成是风骚，市井俗气地把争奇斗艳当成是制胜法宝，也别把自己紧张得像个男人，"女强人"是男人的讽刺。那些堪称优秀的女人，除了生活中的快乐幸福，还有办公室里一颗执著梦想又宽容人性的心。

8．嫉妒之火会先烧到你自己

你最好别因为嫉妒就去压制谁或是贬损谁，因为办公室里有面"透风的墙"，这把"火"到头来一定会先烧到你自己。如果你正被别人嫉妒，说明你做得还不够好，对方跳一下就能赶上你，所以你要飞得更高，让别人只剩下仰慕的份儿。

9．办公室里的小人没好下场

做小人在办公室里你会死得很惨，别抱什么侥幸心理，以为你做得天衣无缝，要知道，在利益相争的环境里大家的目光更是雪亮的。而这种小人习惯往往会跟随你一生，吃一堑也不可能长一智，一般只会是继续阴暗，"小人长戚戚"也。

10. 除了升职你还有梦想

努力工作的终极目标，是为我们创造更好的条件享受生活，如果你因为工作却忽略家人、没有朋友而寂寞孤单，那你就是失败的。工作的快乐在于我们亲手实现自己的梦想，而不断的拥有新梦想，调整坐标保持斗志，我们才能飞得更高。

综 合 测 试

一、写一写

1. 下列关于就业能力方面的观点，你同意有的（　　　）。

　　A. 就业能力仅仅是找到工作的能力，找到工作之后就不需要就业能力了

　　B. 就业能力是在一个工作岗位上能干得稳定和长久的能力

　　C. 就业能力只能在职场获得，校园中无法得到锻炼和积累

　　D. 就业能力是多方面的能力，需要逐一学习

　　E. 就业能力是一个人综合能力的表现，可以通过多方面的实践得到综合提升

2. 在职校的学习生活中，你曾经参与过的项目包括（　　　）。

　　A. 做班干部

　　B. 积极参与班级活动，并献计献策

　　C. 参加学校社团活动

　　D. 有广泛读课外书的习惯

　　E. 喜欢把自己遇到的新鲜事告诉同学

　　F. 经常主动地为宿舍打水、打扫

　　G. 经常提醒同学或本宿舍的同学做他们的事

　　H. 同学不开心事，愿意和你聊天

二、练一练

1. 写一个 300 字的自我介绍，要求写清姓名、性别、特点等基本信息，还要简要介绍自己的爱好、特长，为人处事的原则，所取得的成绩等。把这个作为参加校内外活动介绍自己的标准版本，将来也可以作为去企业面试时开场白的基本部分。

2. 请你列举，在学校中提升你综合素质的锻炼机会和活动有哪些？（请列举至少 10 项）

第二单元

初入职场

第七课

让别人愿意接纳你

【案例导入】

在美国费城，一个阴云密布的午后，突然下起了暴雨，行人纷纷到就近的店铺躲雨。一位浑身湿透的老妇人走进了费城百货商店，她衣着简朴，显得很狼狈，所有的人都对她视而不见。

唯有一位年轻人主动上前对她说："夫人，我能为您做点什么？"妇人微笑着说："不必了，等雨停了，我马上就走。"

雨还在下，好像没有要停的样子，老妇人显得越来越不安，在别人的屋檐下躲雨，不买点东西似乎不近人情。于是，在商店里转悠起来，可是没有看到合适的东西，她很窘迫，露出了茫然之色。年轻人见状，走了过来说："夫人，您不必为难，我给您搬来了一把椅子，您坐着休息一会儿吧。"老妇人向年轻人道了谢，并执意要了张名片就离开了。

几个月后，年轻人收到了一封信，信中要求这位年轻人前往苏格兰收取装潢一整座城堡的订单。这封信带来的收益相当于百货公司两年的利润总和。原来，这封信就是老妇人写的，她就是美国"钢铁大王"卡内基的母亲。这位年轻人名叫菲利，几年后，他凭着踏实和真诚，成为卡内基的左膀右臂，事业扶摇直上，飞黄腾达。

【议一议】

1. 是什么让这个叫菲利的年轻人飞黄腾达的？卡内基的母亲看中了他哪些方面？

2. 为什么这样很简便的事，只有菲利能想到去做，而别的店员却没有做？

　　不管努力的目标是什么，不管他干什么，他单枪匹马总是没有力量的。合群永远是一切善良思想的人的最高需要。

——歌德

活 动 体 验

"我喜欢什么样的人"

【活动目的】

我们喜欢的人，往往也是社会喜欢的、家庭喜欢的、企业喜欢的，这有惊人的一致性。了解被别人所接纳的人需要具备哪些素质。

【活动时间】

20分钟左右。

【活动道具】

大白纸和马克笔。

【活动步骤】

1. 分四个小组。

2. 分别针对父母、朋友、老师、同学等角色展开讨论，怎么样做才算是好的父母、朋友、老师、同学。

3. 将讨论结果在白纸上列成清单，派代表上台呈现。

4. 进行类比对照：父母 VS 上司，同学 VS 同事。

【体验分享】

1. 我们这么想，别人是不是也是这么想的？

2. 我们是不是也要成为别的角色所期待的那样？

3. 想让别人愿意接纳你现在的角色，你该做些什么？

探 究 明 理

📖 让别人接纳是职业人的第一步

生活中有时你的一句问候，你的一个举手之劳，甚至是你的一个微笑或肯定的眼神，就会给身边的人带来快乐，这些你极易做到的小事，对他人有着很大的作用。主动让别人接纳自己，了解自己，对初入职业的毕业生来说非常重要。

案例：萧敏被炒了

萧敏上周被老板炒了，这是她在这家公司上班的第 21 天，被炒的理由是"工作不努力"。

2012 年 1 月 9 日，一个穿着牛仔裤、白色羽绒服的女生，走进一家广告公司的办公室。她打扮不算出众，一身"学生妹儿"气息，刚从学校毕业。

萧敏就这样步伐轻盈地走到策划部主任跟前。"你就坐这儿吧，先熟悉一下环境。"坐到自己的办公桌前，萧敏抬头看了看周围：对面是一个年纪比自己长一点的姐姐，隔壁是一个二十几岁的男同事……一圈扫下来，办公室里的平均年龄不超过 30 岁。

这是星期一的早上，办公室所有人都盯着各自的电脑屏幕，萧敏也把眼神收回来，开始自己的工作。她没有和任何一个同事打招呼。

上班的第三天下午，萧敏被陈主任叫到办公室。

"工作感觉怎么样？新的环境适不适应？有没有什么问题？"陈主任一开始寒暄几句。萧敏边点头边回答："挺好的，蛮适应的。"

几句话过后，陈主任的脸色突然沉下来："但我怎么觉得你并不太适应啊？"萧敏愣了一下，条件反射地回答："没有啊！"陈主任继续说："我看你平时也不跟大家一块，感觉挺冷淡的，表现得太冷漠了，我们公司的风格不是这样的。要是在其他公司，早就被开除了……"

萧敏觉得很委屈，但她没有反驳，只是心里想："我刚到公司来，不是应该低调一点吗？"

被谈话的第二天，想着昨天陈主任说的话，萧敏心里很纠结：一方面同事们平时说话，她不知该怎么去插话，有时候硬开口却说不到点子，反而会被人认为"冒大"，或者是不懂装懂。

就这样，又过了两个星期，萧敏还没从陈主任口中的"冷漠"摆脱出来，她又被叫到了老总办公室。

"萧敏，你到公司快一个月了，我了解到一些情况，你的工作状况并不让人满意，工作也不够努力，可能这份工作并不适合你。"

老总简单的几句话，直奔主题，完全没有留面子的感觉。

听了这些话，萧敏没说话，她也在思考，难道这个工作真不适合自己？可当初就是这个老总招她进来的。

"好吧，那你办理一下离职手续吧。"就这样，萧敏带着莫名的遗憾离开了公司。

【议一议】

1. 萧敏为什么会丢掉工作？

2. 她真的是"工作不努力"吗？

萧敏并不是性格冷漠，她的性格只是属于慢热型。平时大家聊天，她有点插不进去。部门的几个同事，中午都是一起出去吃饭，而她是自己带饭，交流上就少了。

公司的刘总是这么说的："她不适合这个工作。"之前陈主任已经提醒她要多交流，但她不愿意主动去问，不会的也不说，直到最后做不出来，逼得领导亲自去教她应该怎么做。"刘总特别提到年前午餐的时候，"那本身是一个跟同事熟络的好机会，她却一个人坐在那里，自顾自地吃东西，这点都不像做广告的人，低调过头了，让人产生高傲、有距离的感觉。"

刘小姐与萧敏有同样的职场性格，慢热型的。她在公司从事营销业务工作，因为慢热，也曾被部门经理私下"谈话"，问她为什么跟同事融入不到一块去。

"我也说不好是什么原因，跟同事的关系就仅限于同事。我们跑业务的，在单位的时间不多，大家又是竞争关系，太好反而显得有点假。后来我觉得，人这一辈子，还是工作的时间长，无论竞争还是合作，都要学会与同事好好相处。现在我还是会主动跟大家搭讪，跟大家一起去吃饭等。不管怎样，和谐的办公室环境，对工作肯定是百利而无一害的。"刘小姐说，她慢热了两年，现在终于热络起来了。

慢热之外，还有一种就是"快熟"。相信更多的上班族，是像朱小姐这样的自来熟，到新公司不过 10 来天，就把所有人都"豁"熟了。

朱小姐在一家网络公司上班。她说，自己工作上遇到问题，立马问同事，相信大家都是友好的，不会"排挤新人"，也不用装低调，不好意思。

她自己总结的是：我觉得新人脸皮一定要厚，工作、交际都是这样的，要让同事记住你，无论干什么都会想到你，融入进去才能更好地开展工作，但是这个脸皮厚一定要厚得有艺术性，比如说我不懂的东西，问同事，新人一定要谦虚，最好很笨，但又很想学会的样子。

做为一名职场新人，一定要"要脸皮厚"，不怕丢脸才能争脸。卡耐基理工学院分析了一万个人的记录后得出结论：15%的成功者是由于技术熟练、头脑聪慧和工作能力强；85%的成功者是由于个性因素，即具有成功与人交往的能力。反之，在生活中失败的人，90%是因为不善于与人展开有效交往而导致的。

可见与人相处的能力，让人快速接纳的能力，对职业人来说是多么重要。那么，什么样的人在职场上才能让别人愿意接纳呢？

📖 会说会听会干，别人才会接纳

在企业里能被上司、同事、客户接纳欣赏的员工是一个会说暖人心的话、会听弦外之音、会做合适的事的人。

案例：张三和李四的不同

张三和李四同时受雇于一家店铺，拿同样的薪水。一段时间后，张三青云直上，李四却原地踏步。李四想不通，老板为何厚此薄彼？

老板于是说："李四，你现在到集市上去一下，看看今天早上有卖土豆的吗？"一会儿，李四回来汇报："只有一个农民拉了一车土豆在卖。"

"有多少？"老板又问。

李四没有问过，于是赶紧又跑到集上，然后回来告诉老板："一共40袋土豆。"

"价格呢？"

"您没有叫我打听价格。"李四委屈地申明。

老板又把张三叫来："张三，你现在到集市上去一下，看看今天早上有卖土豆的吗？"张三也很快就从集市上回来了，他一口气向老板汇报说："今天集市上只有一个农民卖土豆，一共40袋，价格是两毛五分钱一斤。我看了一下，这些土豆的质量不错，价格也便宜，于是顺便带回来一个让您看看。"

张三边说边从提包里拿出土豆，"我想这么便宜的土豆一定可以挣钱，根据我们以往的销量，40袋土豆在一个星期左右就可以全部卖掉。而且，咱们全部买下还可以再适当优惠。所以，我把那个农民也带来了，他现在正在外面等您回话呢……"

【议一议】

张三和李四的区别在哪几项？他们为什么有这样的区别？

- 会说

在职场上，同一句话有不同的讲法，不同的人听到后也会有不同的想法。俗话说得好：

"良言一句三冬暖，恶语伤人六月寒"。一句能够说到对方心坎里的话，会让人有家和"爱"的感觉，当你给人"爱"的感觉时，对方也会回报你"爱"的感觉。站在对方的角度思考，从对方的心态出发，同样的目的，但让对方听来顺耳、舒畅，既达到了自己的目的又巧妙地维护了对方的自尊，让人乐于接受。

案例：退房的检查

前段时间，我因为公务频繁去 N 市出差。第一次来到这座城市，我住进了一家宾馆。当我退房时，服务台小姐公式化地说："你先在这里等一下，我们要检查一下房间，看看有没有东西损坏或丢失。"接着又好像刻意似的冷冰冰地说道："几天前，有个客人偷走了浴室的毛巾，还有个客人把床单烧了个洞……"我一听这话，脸有点儿挂不住了，怎么寻思都觉得小姐是在含沙射影地鄙夷我，简直是在侮辱我的人格，于是，我表示抗议。可小姐不愿买账，声称她只是在照章办事，并没有侮辱我的意思。不用说，之后我再也没住过这家宾馆。

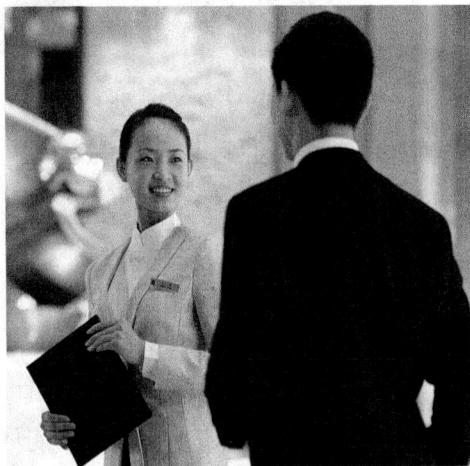

相反，我在另一家宾馆却感受了截然不同的待遇。退房时，服务台小姐微笑着说："先生，请您稍等，我们去看看您是否有东西落在房间里了。"我边等边琢磨，忽然恍悟，这位小姐表达的意思与上次那位小姐所表达的不正是一样的吗？——都是检查房间有无东西损坏或丢失。但显然，后面这位小姐的说话技巧要高明许多。这便是沟通的魅力，或者说是谈话心态的魅力。此后，每次来 N 城，我都住这家宾馆。

【议一议】

如果你是当事人，你怎样评价两个服务台小姐的表现？

● **会听**

在职场上不但要会说，还要会听，初进职场的职业人，往往没听懂就说、没看懂就做，这很容易出问题。所以听往往比说更重要。

李伟是某公司的一名新员工，岗位是操作行车，在实习培训期，按规定是不能单独操作行车的。2010 年 3 月 29 日，行车工卢师傅暂时离开车间去开会，这时车间里急需要将模具空壳吊放到行车西侧，车间主任本来想等卢师傅回来后再吊。这时李伟觉得自己已经学了三个多月，要在主任面前表现一下，于是拍拍胸脯说："我来吧。"主任本来还有点犹豫，但经不住李伟的坚持，想一想应该不会有太大问题，就让他独立操作行车。

与李伟一起进行吊运模具作业的辅助工严某也是新工人，当日是第二天上班。他们的任务是将行车北侧，已经在模具里静养后的砌块由严某拉出，并拨放至相应位置后，由李伟吊放到东边，经行车翻滚动作后卸出模具，将砌块送往下道工序切割，再由行车将模具空壳吊放到行车西侧。

当日 15：00 左右，李伟操作行车，在准备起吊模具时，发现严某仍站在模具处，就叫其让开。当行车靠近模具时，严某避让不及，被行车吊具撞击右大腿致伤。

一项工作无法完成可能并不会引起别人的反感，但如果拍着胸脯说能做，却又完成不了，这样的心理落差极易给人留下十分不好的印象，所以职场新人们最应该把严"嘴门关"，腾出时间和前辈们聊聊，听听他们是怎么说的，看看他们是怎么做的。千万不要自满，不要觉得完成了一项工作就能得到大家的赏识，要时刻抱有一个学习的态度。踏实、勤快、好学是一个职场新人的最佳形象。

- **会做**

光会说、会听还不行，还要会做事。因为在企业里，不需要耍嘴皮子和只会纸上谈兵的人，更需要的是肯做事、能做事、做对事的人。

案例：多了一个枕头

在某饭店的客房部，员工在为客人整理房间时发现客人的枕头中间有一条折痕，该员工马上意识到客人对客房枕头的高度不满意，但客人没有表现出来。于是，当晚，客人回到房间时，意外地发现床上多了一个枕头，那天晚上，客人睡了一个甜美的觉。从此以后，这位客人只要到这个城市就再也不去其他饭店了，而且他还为该饭店带来了许多新的客人。

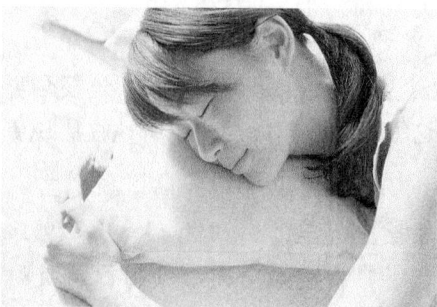

【议一议】

这个员工做了什么体现了他肯做事、能做事、做对事？

　　客房的员工在整理房间时能发现客人的枕头中间有一条折痕，从而意识到客人对客房枕头的高度不满意，这就体现了他平常很注重观察和留意客人的需求，很会做事；同时他给客人多准备了一个枕头，而不是自作主张的换一个，就体现了他做事的细致程度。这样的员工一定会受到上司及客户的接纳和欣赏。

📖 做好校内每一件事就能让别人接纳

　　要想在职场上让别人接纳你，就要在校园培养这种让人愿意接纳你的能力。在校园里我们可以用微笑、承担、自律让自己成为一个大家喜欢，将来又能被社会所接纳的人。

> 微笑也是一种服务，别用苦脸污染环境；
>
> 承担也是一种服务，人们需要互为支持；
>
> 自律更是一种服务，社会公约共同遵守！

　　微笑：包括狭义的微笑，也包括广义的美好形象给大家带来的愉快感受。

　　承担：最后一个离开教室时关上门窗和电灯、风扇，上完计算机课随手关机，将凳子摆回原位，在校园内见到掉落的垃圾时随手捡起，随手帮助同学捡起掉落的书本等，这些都是我们日常生活中随处可见而且能够做到的事情。所以我们要勇于承担，乐于承担，互为支持，就能成为大家喜欢和接纳的人。

　　自律：不乱丢垃圾；在宿舍休息的时候，不影响其他同学休息；上课时不制造噪声（如坐在凳子上推凳子），参加集体活动守时。

　　总之，在做每一件事时都要自省，我们的行为是否影响到他人正常的活动或需求，我们的行为是否符合社会公约。

　　微笑、承担与自律，只有做到这些，我们才能成为一个被大家喜欢又被社会所接纳的人。无论未来你在社会的哪个角落，你都会成为一个明星，而明星的耀眼处，都来自于你行为的感动。

　　当我们做到微笑、承担、自律之后，我们就可以取得别人的信任，就可以被别人所接纳，只有被上司、同事、客户所接纳，我们才算完成踏入职场的第一步。

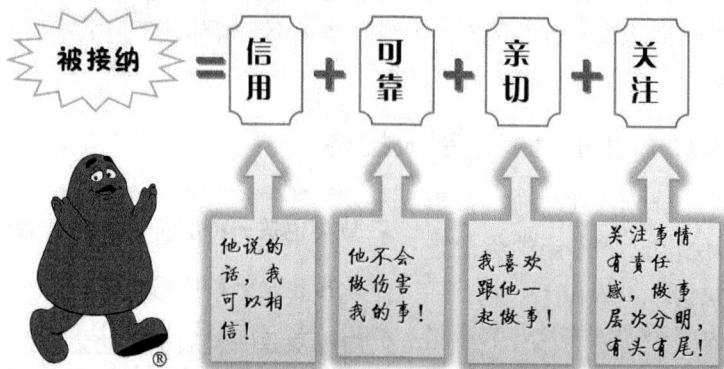

让别人接纳你

被接纳 ＝ 信用 ＋ 可靠 ＋ 亲切 ＋ 关注

他说的话，我可以相信！

他不会做伤害我的事！

我喜欢跟他一起做事！

关注事情有责任感，做事层次分明，有头有尾！

【延伸阅读】

办公室讨人喜欢的十大技巧

1．尊重别人的私人空间

在办公室里私人空间是很宝贵的，必须受到尊重。"打搅了""不好意思"是有求于人或打断别人工作时必不可少的语言。谨记先敲门再进入别人的办公室，不要私自阅读别人办公桌上的信件或文件，未经许可而翻阅别人的名片盒。

2．公室礼仪

当你有一大叠文件需复印，而轮候在你之后的同事只想复印一份时，应让他先用。如果复印机纸用罄，谨记添加；若纸张卡塞，应先处理好再离开，如不懂修理，就请别人帮忙。

3．保持清洁

所有食物必须及时吃完或丢掉，否则你的桌子有可能会变成苍蝇密布的垃圾堆。如果有公共厨房，别将脏了的咖啡杯放在洗碗池内，亦不要将糊状或难以辨认的垃圾倒入垃圾箱。此外，避免用微波炉加热气味浓烈的食物。若菜汁四溅，谨记抹干净后再离开。若你喝的是最后一杯水，请添补。

4．有借有还

假如同事顺道替你买外卖，请先付所需费用，或在他回来后及时把钱交还对方。若你刚好钱不够，也要在翌日还清，因为没有人喜欢厚着脸皮向人追讨金钱。同样地，虽然公司内的用具并非私人物品，但亦须有借有还，否则可能妨碍别人的工作。

5．严守规则

无论你的公司如何宽松，也别过分从中取利。可能没有人会因为你早下班15分钟而责斥你，但你大模大样地离开只会令人觉得你对这份工作不投入、不专业。此外，亦别滥用公司资源，如打私人长途电话。

6. 守口如瓶

即使同事在某项工作的表现不尽理想，也不要在他背后向其他人说起，说是道非最容易引起同事们的不信任。上司通常极之厌恶是非。若你向上司打小报告只会令他觉得虽然你是"局内人"，却未能专心工作。假如上司将公司机密告诉你，谨记别泄漏一字半句。

7. 切忌插话

别人发表意见时中途插话是一件极无理的事情，更影响别人对你的印象和你的信誉。在会议中(或任何时候)，请留心别人的说话。若你想发表意见，先把它记下，待适当时机再提出。

8. 别炫耀

若你刚从充满阳光的海滩度假归来，当然不能一下子掩盖你古铜色的肌肤，但也别在一直埋头苦干的同事面前手舞足蹈地描述你愉快的假期；亦不要在尚是独身的同事面前夸耀你那俊朗不凡、体贴入微的伴侣；又或在肥胖的同事面前自夸"吃什么也不会胖"，这样只会令别人疏远你。

9. 多称赞别人

现代人可能太忙，对事情往往无暇做出正面的回应(例如说声"谢谢"和赞美的话语)，忽略了这种简单却有效、随时能令你所称赞的人有助你一把的表现。称赞别人的其他好处尚有：接待员会提醒你今天老板的心情极差；同事会在工作限期前不断催赶你。只要你多称赞别人，便可能得到不可估计的回报。

10. 别虚耗时间

虚耗别人的时间是最常见的过错，好些人之所以要把工作带回家，全因只有这样才可在没有任何妨碍下完成工作。因此，别写长篇大论的电子邮件：可用标题显示"紧急"，内容也务求简洁。

准时，假如你是会议负责人，请在会议前一天把有关备忘、议程等分发给每个人。会议的举行时间最好是下班前30分钟，这样会议能更有效地进行。也请准时开始会议，别等迟到的人。

别烦扰上司：不要事无大小都请示上司。若真需要上司的帮忙，应先预备答案再寻求指引。

综 合 测 试

一、测一测

1. 职场上让人愿意接纳你最重要的三件事是（　　　）。

  A．会说   B．会写   C．会听   D．会做

 2．在校园里，提高我的被别人接纳的品质包括（ ）。

  A．微笑   B．承担   C．自律   D．幽默

二、练一练

 1．"国王与天使"

步骤如下。

 （1）你所抽取的卡片上的人，就是你在课程期间的"国王"，你作为"天使"要在整个学期期间暗暗地关心他、帮助他；同时在全体成员中，也有某个人是你的"天使"，他也会默默地关心你、帮助你。

 （2）请大家在抽取的卡中"天使"旁边的位置写上自己的名字，并且要牢牢记住"国王"的名字。

 （3）整个过程不准泄密。

 2．在校内、班内去承担一件事情，体验整个做事的过程及与他人的互动，并写出一份感受和总结。

第八课

听懂别人说什么

【案例导入】

有一对感情甚笃的老夫妻，先生为了感谢妻子多年来的辛劳，决定与妻子度假。他偷偷地报名，计划带妻子搭乘向往已久的爱之船。到了要出发前一周，他把这喜讯告知妻子，妻子非常地兴奋和感激，但同时也觉得花费这么大的旅费有些许不舍。于是，两人商量决定以最省钱的方式度过这美好的假期。他们带了许多干粮上船，包括了罐头食品、泡面等。

在船上的时光真是美好。船是那么的豪华，有不同的餐厅、舞厅、剧院、电影院，甚至泳池、周全的运动设备，他们怀着愉快的心情"参观"。到了要下船的前一天晚上，先生心想：明天就是最后一天了，总不能来了一趟爱之船，却都没好好享用船上的美餐吧！

于是两人商量到船上最豪华的餐厅用晚餐。两人在优美的气氛下享用了一顿美食，他们以十分满足的口气请服务生来结账，没想到服务生却睁大了眼睛，以一副不敢相信的口气说："你的意思是……这些日子以来，你们都没有来用餐？"两夫妻看着服务生的表情也觉得颇为诧异，回答说："是啊！为什么你的表情这么奇怪呢？"服务生结结巴巴地说："因为这船上所有的东西都是免费享用的！"

【议一议】

1. 有时候我们总是习惯性的"我以为"，反而造成了一些不必要的误会。你认为应该如何避免生活中、工作中的这些现象呢？

2. 找一个你在沟通方面的好经验与同学分享。

> 一个人不和别人打交道，不是一个神就是一个兽。
>
> ——亚里士多德

活 动 体 验

幸 运 搭 挡

【活动目的】

体验沟通过程，了解沟通的障碍，提高沟通能力。

【活动时间】

25 分钟。

【活动道具】

词语 PPT、记时器。

【活动步骤】

1. 每小组派两名同学，一名做动作和提示，一名猜词。提示的同学不能说出目标词中所含的任何字，不能拆字，也不能使用方言和外文，不允许说出词中所包含字的偏旁。在猜测当前目标词有困难时，选手可选择放弃，即"过"，但只有三次放弃的机会。

2. 每组 3 分钟时间，10 个词语。

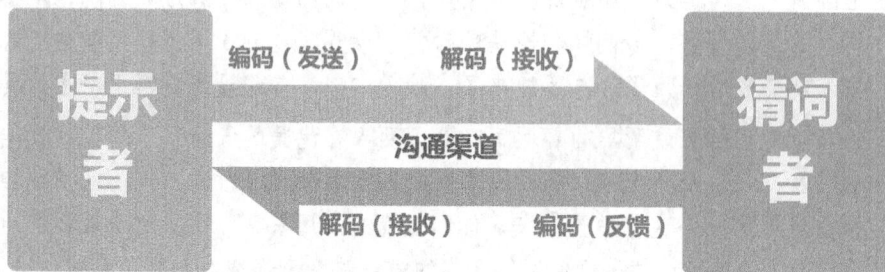

【体验分享】

以小组为单位，小组成员围绕以下问题，分享各自的活动体验。

1. 猜不出来时，问题主要出现在哪一方，是提示者还是猜词者？为什么？

2. 你认为影响大家发挥的主要因素有哪些？

3. 你觉得用什么方法可以更快速的完成这个游戏？

4. 这个游戏跟我们日常生活中哪些方面很像？

5. 在活动中你还有哪些感受？

探 究 明 理

📖 沟通是为了达成合作

沟通是人与人之间传递信息、传播思想、传达情感的过程，是一个人获得他人思想、情感、见解、价值观的一种途径，是人与人之间交往的一座桥梁。通过这个桥梁，人们可以分享彼此的情感和知识，消除误会，增进了解，达成共同认识或共同协议。

案例：小王怎么回答好

小王是一家石料公司的业务员，最近一段时间，公司新上了一批石材是白色的，这批石材非常不错，他想向自己的一个老客户推荐一下，于是，他找到了这个李总。

李总今天心情不好，为什么呢？昨天晚上后院起火，家里的葡萄架倒了，而且倒的时候，自己不小心受了伤。

这个时候小王去和李总介绍，说："李总，我们公司新上了一批石头，是一批白石头，质量非常不错，不知您这边是否有需求？"李总似乎没有听清楚小王的介绍，但是他知道这是个好东西，肯定是可以用的，为了压它的价格，就会惯用一些伎俩，挑它的毛病。李总问："你这个黑石头不错，就是小了一点，你看这个价格能不能放一点。"

接下来，小王出现了两种戏剧性的变化。第一种变化，小王反应非常敏捷灵力，直接给李总指出来，说："李总，不对！今天我给您推荐的是白石头，不是黑石头。"李总听了之后，昨天晚上的那股火正好无处发泄，勃然大怒。"我都活了四十几年了，连黑白都分不清楚吗？"

第二种处理的方法是，小王依然还是这样去介绍，当李总说你们的黑石头材料比较小的时候，小王回答说："对，李总，是这样的，我们的白石头之所以这么小，就是为了美观而且有作用。"

【议一议】

小王用哪种办法比较好？

在沟通过程中，最重要的几句话中第一个就是用"是的""对"，去认可对方。有很多人有渊博的知识，有非常睿智的眼光，反应也非常灵敏，但当和对方沟通的时候，则会发生争执、争吵，最终升级为两人相见不相逢、形同陌路的结果。之所以出现这个结果，往往是在沟通过程中的旁枝末节，让他们的沟通失去了方向，所以沟通的第一个主要目的是达成共识。如果我们要去和领导、同事、客户沟通，先想一想，我们到底希望双方达成一个怎样的共识，在这个过程中若出现了一些小小的异议是可以放过去的，不要再去纠结，不直接否定，而可以直接谈事情。

沟通无处不在，无时不有。不论是采用语言或非语言、文字或符号、有意或无意、积极或消极的方式，沟通都是每个人每天要做的事，是我们生活中必不可少的部分。事实上，大多数人花费 50%～75% 的工作时间，是以书面形式、面对面的形式或打电话等多种方式进行沟通。

普林斯顿大学对 1 万份人事档案进行分析，结果："智慧"、"专业技术"、"经验"只占成功因素的 25%，其余 75% 决定于良好的人际沟通。哈佛大学调查结果显示：在 500 名被解职的职员中，因人际沟通不良而导致工作不称职者占 82%。

我们成就一生的首要能力是沟通能力。人从自然人向社会人转化的过程中离不开与人交流，离不开与人沟通。人际沟通是人类社会交往的最初也是最重要的形式，人们之间传递信息借以沟通思想、交流情感，是人类群体进而也是人类社会形式的开端。沟通，还能够给你带来其他知识不能带来的力量。中职生大多数时间应该与同学、老师交流，而不是沉溺于计算机，否则个人的口头表达能力和反应速度都会下降。

📖 会说的不如会听的

我们常以为沟通能力好的人就是口才好的人，但在职场沟通中不仅仅要会说，还要会听。听往往比说更重要，同时还要学会听"弦外之音"。

案例：真的很好吗

小马在一家外资企业上班，很高兴自己有个好上司，每个项目上司都会笑眯眯地讲：不错不错，真棒。初出茅庐的小马一听表扬，马上就跟自己的同学在 QQ 上吹嘘：很可能最近我就会加薪了哟。

两周后，小马与同组的小李做同一个项目，给老板做流程演示的时候，老板仍然微笑点头，连说很好。

小马开心的表情还没来得及完全展开，就听见小李以很诚恳的语气说：请多给我们一些意见吧，我们真的很需要知道这个项目有哪些不足。

结果，老板一连点出了几个死穴，小马被生生地吓出一身冷汗。他不知道，"很好""不错"背后的意思其实是"不够好""很糟"，真正的意见，是需要你追问过后，人家才肯恩赐与你，让你的下一次变得更好。

【议一议】

小马缺乏什么能力？

在职场上很多人都像小马一样缺乏倾听的能力，他们常戴着有色眼镜与对方沟通，或有选择地接受信息，选择性失明，不能够客观的、就事论事、实事求是地去分析沟通信息，不能换位思考，缺乏同理心。

乔吉拉德向一位客户销售汽车，交易过程十分顺利。当客户正要掏钱付款时，另一位销售人员跟吉拉德谈起昨天的篮球赛，吉拉德一边跟同伴津津有味地说笑，一边伸手去接车款，不料客户却突然掉头而走，连车也不买了。

吉拉德苦思冥想了一天，不明白客户为什么对已经挑选好的汽车突然放弃了。夜里11点，他终于忍不住给客户打了一个电话，询问客户突然改变主意的理由。

客户不高兴地在电话中告诉他："今天下午付款时，我同您谈到了我们的小儿子，他刚考上密西根大学，是我们家的骄傲，可是您一点儿也没有听见，只顾跟您的同伴谈篮球赛。"

吉拉德明白了，这次生意失败的根本原因是因为自己没有认真倾听客户谈论自己最得意的儿子。

员工倾听客户谈话时，最常出现的弱点是只摆出倾听客户谈话的样子，内心里迫不及待地等待机会，想要讲自己的话，完全将"倾听"这个重要的武器舍弃不用。如果你听不出客户的意图、听不出客户的期望，你和客户沟通就会失去方向的"箭"。当你缺乏同理心时，你是没有办法读懂对方的"心"的，同时你也无法知道他的真实需要，那你又怎样去达到他的要求呢？

职场中的倾听分为三个层次。

第一个层次，是指员工根本就没有注意对方所说的话，他们看起来也是在听，但实际上却在考虑其他的事情，或内心想着辩驳。这种倾听的方式是职场人的坏习惯。要知道，你面对的可能是一个上司、同事、客户，他所说的每一句话都可能大有含义，在这种情况下你的走神可能会让你错过重要的信息。所以这种层次上的倾听，往往是导致与上司、同事和客户关系破裂，或者是你做出拙劣决策的根本原因。

第二个层次，是员工仅仅依靠对字词意义的理解来获取信息。一般来讲，这个层次上的倾听已经可以帮助员工应付大部分问题。但是，当员工面对一个不"明说"的同事、上司和客户的时候，这个层次的倾听是远远不够的。因为他们话中的字面意思，很可能会将你引向歧途，所以第二层次的倾听仍然不足以让员工应对不"明说"的同事、上司和客户。

第三个层次，员工不再仅仅通过对方的字面意思来理解问题，他们还会根据当时的具体情况、对方的动作神情以及对方一贯的行为，设身处地的来解读对方的话，这样的倾听能够更好地避免对对方的话做出武断的评价。一个善于倾听的员工，永远不会武断地下结论，他们会感同身受对方的情感，也能够设身处地看待事物，更多的是询问而非辩解。所以，能够达到第三个层次的员工，才能真正应对那些话里有话的上司、同事和客户。

📖 锻炼倾听别人的话

倾听能力需要练习

为了达到良好的沟通效果，就必须不断修炼倾听的技巧，我们可以通过以下六种方法来提高倾听能力。

第一，集中精力，专心倾听。

这是有效倾听的基础，也是实现良好沟通的关键。要想做到这一点，我们应该在沟通之前做好多方面的准备，如身体准备、心理准备、态度准备、情绪准备等。疲惫的身体、无精打采的神态、消极的情绪等都可能使倾听归于失败。

第二，不随意打断对方谈话。

随意打断对方谈话会打击对方说话的热情和积极性，如果对方当时的情绪不佳，而你又打断了他的谈话，那无疑是火上浇油。所以，当对方的谈话热情高涨时，我们可以给予必要的、简单的回应，如"噢""对""是吗""好的"等。除此之外，最好不要随意插话或接话，更不要不理对方喜好另起话题。例如，"等一下，我们公司的产品绝对比你提到的那种产品好得多……""您说的这个问题我以前也遇到过，只不过我当时……"

第三，谨慎反驳对方观点。

对方在谈话过程中表达的某些观点可能有失偏颇，也可能不符合你的口味，但是你要记住：每个人都不愿意别人直接批评或反驳他们的观点。如果你实在难以对他的观点做出积极反应，那可以采取提问等方式改变他谈话的重点，引导他谈论更能促进沟通的话题。例如，"既然您如此厌恶保险，那您是如何安排孩子们今后的教育问题的？""您很诚恳，我特别想知道您认为什么样的理财服务才能令您满意？"

第四，用信号表明您有兴趣。

可以用下列方式表明您对说话内容感兴趣：

（1）保持视线接触，聆听时必须看着对方的眼睛。

（2）让人把话说完整并且不插话，这表明您很看重沟通的内容。

（3）点头或者微笑就可以表示赞同对方正在说的内容，表明您与说话人意见相合。

（4）放松自己，采用放松的身体姿态，就会得到这样的印象：他的话得到您完全的关注了。所有这些信号能使与你沟通的人判断，你是否正在专心听取他说的内容。

第五，及时总结和归纳对方观点。

这样做，一方面可以向对方传达你一直在认真倾听的信息，另一方面也有助于保证你没有误解或歪曲对方的意见，从而使你更有效地找到解决问题的方法。例如，"您的意思是要在合同签订之后的 20 天内发货，并且再得到 5%的优惠吗？""如果我没理解错的话，您更喜欢弧线形外观的深色汽车，性能和质量也要一流，对吗？"

第六，检查是否准确。

检查自己是否听得真切，并且已正确地理解了信息（尤其是在打电话时），可以按如下方式做：解述信息，把听到的内容用自己的话复述一遍，就可以肯定是否已准确无误地接收了信息；提出问题，通过询问，可以检查自己对信息的理解，也能使说话者知道你在积极主动地聆听。

读懂非语言信息

案例：涅莫夫的手势

2004 年雅典奥运会上，男子单杠是雅典奥运体操比赛的最后一个项目，此前传统体操强国俄罗斯一金未得，全队都把希望集中在卫冕老将涅莫夫身上。今年 28 岁的涅莫夫因长年征战落下一身伤病，所以这也是他的告别演出。

他第三个出场，以一套惊险流畅的高难度动作赢得了在场观众的阵阵惊叫和掌声。然而，裁判却最终只打出 9.725 分，这是三名选手中的最低分。观众多日来对裁判的不满终于彻底爆发，场内顿时嘘声一片，成群的观众站了起来，伸出拇指指着地面表示抗议和反对，场面一度失控，跟在涅莫夫后面出场的美国选手保罗·哈姆根本不敢上杠。裁判经过交涉之后，终于更改了对涅莫夫的判罚，由 9.725 分改为 9.762 分。但观众的怒火仍难以平息。

这时涅莫夫走上了比赛台，他先是向真情的观众鞠躬，然后做手势恳求观众保持平静，在他的努力下，长时间的嘘声才逐渐平息。在观众的掌声中，涅莫夫走出了赛台，他用鼓掌回报着观众的支持。回到选手席后，涅莫夫才开始掩面而泣。

赛后，尽管涅莫夫仍然无缘奖牌，多日来一直未受关注的涅莫夫受到了英雄般的欢迎，他离开赛场时得到的掌声和欢呼甚至超过了几位获得奖牌的运动员。他面带微笑，意味深长地说："观众们来到这里，就说明他们热爱体操，观众是不会被欺骗的。"

【议一议】

在台上涅莫夫做了什么？为什么没有讲一句话，却有这么大的反应？

此时，涅莫夫没有话语，但胜过所有的出声音的语言，九千多名观众心领神会，嘘声消散了，取而代之的是更响亮的掌声。所有人都被涅莫夫的胸襟和气度折服，一位优秀运动员的伟大人格和对体育精神最完美的诠释在这一刻、在这几个动作中被完美展现出来。在人们心中，他才是永远的冠军。

"诚于中而形于外"。发自于内的真诚，形之于外的完美，内与外高度统一的表达，是最具有魅力的沟通。由此可见，体态语在表达自己、传递信息的时候有非同凡响的效果，只是，有时我们会忽视它的作用。

有人总结出如下的公式：

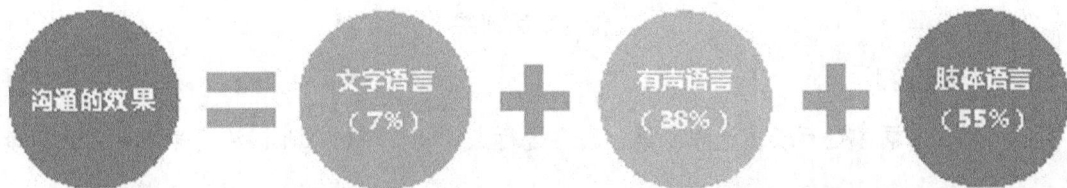

沟通的效果 ＝ 文字语言（7%） ＋ 有声语言（38%） ＋ 肢体语言（55%）

我们从上面这个公式看到，文字语言沟通效果所占有的比例还不足 10%，可见，我们通过传真、书信、短信、网络聊天软件、邮件等方式沟通是非常具有局限性的。因此，能当面沟通的绝不打电话；能打电话的绝不发短信（邮件、网络聊天）；必须发邮件的要尽量辅以电话的方式进行进一步沟通。

同理心的倾听

子曰："不患人之不已知，患不知人也。"意思是不要怕别人不了解自己，只怕自己不了解别人。倾听能让你了解你的沟通对象想要什么，什么能够让他们感到满足，什么会伤害或激怒他们。

一只小猪、一只绵羊和一头乳牛，被关在同一个栅栏里。有一天，当牧人捉住小猪时，它大声嗓叫，猛烈地抗拒。绵羊和乳牛讨厌它的嗓叫，便说："他也常常捉我们，我们并不大呼小叫！"

小猪听了后回答道："捉你们和捉我完全是两回事，他捉你们，只是要你们的毛和乳汁，但是捉住我却是要我的命啊！"

与人沟通，最佳策略是先不讲话只倾听，而且必须放下手边的工作，眼睛看着对方，点头微笑并表示了解（并非认可），因为倾听有时候问题就解决了一半。

俗话说，在哪里说得越少，在哪里听到的就越多。而且，只有很好地听取别人的，才能更好地说出自己的。倾听时，身体要前倾，态度要诚恳，表现出专心和有兴趣的样子，让别人愿意为你敞开心扉。

多数女性谈到逛街的时候，想到的是休闲和快乐，而很多男性想到的则是无聊和疲劳；急性子的人谈到高速度的时候，想到的是高效率，而慢性子的人想到的则是浮躁和冒险；销售员接到临时订单的时候，想到的是利益和提成，而车间主任想到的则是修改生产计划和麻烦。

因此，沟通时将心比心，换位思考，设身处地的为对方着想就显得非常必要。只有转换你的角色，真诚地为别人着想，那样你才能从对方的角度分析出问题的所在，你的话语才能让对方感同身受，才能打动对方的心，才能最终实现你沟通的目的。

有句英国谚语说："要想知道别人的鞋子合不合脚，穿上别人的鞋子走一英里。"同理心沟通，没有更多的技巧，就是以心换心、换位思考。在同样时间、地点、事件里，把当事人换成自己，设身处地去感受、去体谅他人——就是同理心。

【拓展训练】

晨会表达训练

【活动目的】

每天三名同学进行表达训练，其他同学进行点评和议论。以此锻炼同学的表达力和倾听能力。

【活动时间】

20分钟。

[活动准备]

1. 请三名同学根据自己学习、读报或经历中有感触的话题向全班同学进行介绍或说明。

2. 要求主题清晰，说话要清楚，语言浅显易懂。

【活动步骤和要求】

1. 主持人宣布今天发言的顺序。把全班同学分成三个组，每个组主要听一个同学的表达。

2. 请三位同学按顺序发言。

3. 三个组的同学分别找 2~3 人对他们的发言内容谈共鸣。听众发言时，只允许谈自己的收获和感受，谈发言者的优点。

4. 公布第二天发言的同学名单。

【延伸阅读】

聆听的魅力

在这个世界上我们常常聆听。

譬如在大自然中我们寻觅那"明月松间照，清泉石上流"的韵致，寻觅那"蝉噪林逾静，鸟鸣山更幽"的空灵，寻觅那"红树醉秋色，碧溪弹夜弦"的意境。聆听轻风喁喁低语，聆听松涛娓娓吟唱，聆听蛐蛐细细鸣叫，聆听山林中鸟儿欢啼。那脆灵灵的音符好似一颗亮露滴落，使你的心中也流淌出一挂清粼粼的飞泉。

虫鸣鸟语，溪泉琮峥，人也焕发了童真，胸中的块垒随溪水逝去，工作的疲惫被溪水洗去，心灵的尘垢随溪水流去，身心如沐，愉悦清朗潇洒通透。

聆听，涵养了你的性情，旷达了你的胸臆，给你智慧的灵光和启迪，你的思维也流转自若，鲜活水灵。聆听是一种怡情忘饥的人生态度，充满着生活意趣。有时候，我们失去了许多快乐，并不是无法引起快乐，而是缺少一颗平常心，缺少爽朗清静的心情，缺少毫无掩饰的童稚天真。

有位睿者说：当我们明心见性，达到内外如一、心物合一的境界，我们便能从任何细微的事物中获得智慧的启示。安静地看一瓢水，可以听到它演示的清净义，请汲来柔润自己的心田；细致地看一朵花，可以听见宣说的庄严义，请掬来美化自己的生命。这就是奇妙的无情说法，万事万物，无时无地不在百般譬喻，殷勤示教，你听见了吗？

心情浮躁的人不会聆听，利欲熏心的人不会聆听，心胸如豆的人不会聆听，老谋深算的人了也不会聆听。他们过于浅薄，过于功利，过于狭隘，过于世故。他们缺少颖悟的耐心、适度的宽容、舒展的心灵、好奇的天真。他们所能听到的只是铜臭的撞击、生活的噪音。

在这个世界上我们却非要聆听。

譬如聆听父母的忠告，聆听老师的教诲，聆听朋友的劝慰，聆听婴儿的啼哭，聆听妻子的关爱……聆听是心与心的碰撞、爱与爱的交流、情与情的融汇；聆听是一种主动的生活姿态，一种亲切的对待，一种由衷的信赖，一种美妙的心境。

一位伟人说："喜欢聆听的民族是一个智慧的民族。"

狂妄自大的民族不喜欢聆听，只喜欢征服，他们的傲慢，遮挡了他们的视线；

闭关自守的民族不喜欢聆听，只会沾沾自喜，他们坐井观天，妨碍了他们的见识；

急功近利的民族不喜欢聆听，只会浮在表面，他们浅尝辄止，缺少深厚的内涵。

因此，学会聆听才不自满，才不孤独，才开眼界，才见学问；学会聆听才善于思考，富于创意，从容冷静，虚怀若谷，这个民族才变得生机勃勃，充满魅力。

综 合 测 试

一、测一测

倾听能力测试

回答以下 15 个题目，对每个问题回答是或否，请根据你在最近的沟通中的表现真实填写。

（　　）1. 我常常试图同时听几个人的交谈。

（　　）2. 我喜欢别人只给我提供事实，让我自己做出解释。

（　　）3. 我有时假装自己在认真听别人说话。

（　　）4. 我认为自己是非语言沟通方面的高手。

（　　）5. 我常常在别人说话之前就知道他要说什么。

（　　）6. 如果我不感兴趣和某人交谈，我常通过注意力不集中的方式结束谈话。

（　　）7. 我常常用点头、皱眉等方式让说话人了解我对他说话内容的感觉。

（　　）8. 常常别人刚说完，我就紧接着谈自己的看法。

（　　）9. 别人说话的同时，我也在评价他的内容。

（　　）10. 别人说话的同时，我常常在思考接下来我要说的内容。

（　　）11. 说话人的谈话风格常常会影响到我对内容的倾听。

（　　）12. 为了弄清对方所说的内容，我常常采取提问的方法，而不是进行猜测。

（　）13. 为了理解对方的观点,我总会下工夫。

（　）14. 我常常听到自己希望听到的内容,而不是别人表达的内容。

（　）15. 当我和别人意见不一致时,大多数人认为我理解了他们的观点和想法。

倾听能力测试答案

以下所示为 15 个问题的正确答案,是根据倾听理论得来的。

（1）否　　（2）否　　（3）否　　（4）是　　（5）否

（6）否　　（7）否　　（8）否　　（9）否　　（10）否

（11）否　　（12）是　　（13）是　　（14）否　　（15）是

倾听能力测试结论

为了确定你的得分,把错误答案的个数加起来,乘以 7,再用 105 减去它,就是你的最后得分。如果你的得分为 91～105,那么恭喜你,你有良好的倾听习惯;得为 77～90 表明你还有很大程度可以提高;要是你的得分还不到 76 分,很不幸,你是一位很差劲的倾听者,在倾听技巧上就要多下工夫了。

二、练一练

1. 在一周之内与三名不同职业的人沟通,注意倾听,并记下整个过程及感受。

2. 邀请爸爸妈妈一起观看电影《小孩不笨 2》,与爸爸妈妈一起讨论观后感,上交一篇 800 字以上的观后感。

第九课

问题是个成长机会

【案例导入】

李明中职毕业后在一家公司做销售，刚接受完培训。公司决定找一个有经验的员工到另外一座城市开拓新市场。当老板宣布这一决定后，那些老员工都低下了头，没有人愿意去。大家都知道，开拓新市场会遇到很多意想不到的困难，要面对的问题太多了，一旦砸了，自己受苦不说，还要承担责任。谁愿意去做吃力不讨好的事情呢？

现场气氛很尴尬，这时候李明举起手说："老板，我想去试试。"大家把目光都投向他，一个毛头小伙子，业务还没熟悉，就敢接受这个任务，似乎有些自不量力，就连老板也心存怀疑。李明笑着说："虽然我是新员工，但是我相信只要我全力以赴，一定能克服困难，顺利完成任务。"

也许是被李明的勇气打动了，老板同意了他的要求，也算是对新员工的考验。下班后，李明听到同事偷偷议论，认为他是不知轻重。李明的父母也认为他过于鲁莽。面对这些，李明下定决心，一定要解决公司的问题。随后，老板还专门制定了一套严谨的工作方案，并在后方为李明提供咨询服务。

经过近半年的艰苦奋战，李明终于在那个城市建起了一个稳定的市场拓展点，规模不断扩大，发展势头很快。公司的人都开始对他刮目相看，他也理所当然地成了新机构的部门经理。

【议一议】

1. 是什么让李明有这份勇气去接受任务？

2. 你是怎样理解"危机"、"问题"和"机会"的？

> 苦难对于人生是一块垫脚石……对于能干的人是一笔财富，对于弱者是个万丈深渊。自满、自高自大和轻信，是人生的三大暗礁。
>
> ——巴尔扎克

活 动 体 验

汉诺塔圆盘大挑战

上帝创造世界的时候做了三根金刚石柱子，在一根柱子上从下往上按大小顺序摞着 64 片黄金圆盘。上帝命令婆罗门把圆盘从下面开始按大小顺序重新摆放在另一根柱子上。并且规定，在小圆盘上不能放大圆盘，在三根柱子之间一次只能移动一个圆盘。有预言说，这件事完成时宇宙会在一瞬间闪电式毁灭。也有人相信婆罗门至今还在一刻不停地搬动着圆盘。这个关于汉诺塔的故事被转化成印度的益智玩具。

【活动目的】

体验问题解决的过程中团队合作的重要，导出问题的定义与解决问题的流程。

【活动时间】

30分钟。

【活动道具】

每组一套汉诺塔，一个计时器。

【活动步骤】

1. 规则

（1）在小圆盘上不能放大圆盘。

（2）在三根柱子之间一次只能移动一个圆盘。

2. 要求

（1）以最快的速度找出最佳的方案。

（2）找到方案的成员要确保小组内的每个人都学会并掌握汉诺塔的移法。

（3）由其他组任意挑选本小组内任何一位成员上台演示（本组成员可以提示）。

（4）根据小组成员代表演示时间的短长决定名次。

【体验分享】

以小组为单位，小组成员围绕以下问题，分享各自的活动体验。

1. 在这个活动中碰到了哪些问题？又是怎样解决这些问题的？

2. 做这个活动所遇到的问题，是否是从事很多新的事情都会遇到的常见问题呢？在进入职场的一年中，你能想象出遇到的常见问题有哪些吗？

3. 如果再来一次的话，你会怎么做？

探 究 明 理

📖 初入职场遇到问题是正常的

初入职场，遇到问题总是正常的，没有问题才是最大的"问题"。在工作中没有问题就等于没有机遇，每一个困难或者危机都是一个机会。古代思想家老子曰："祸兮，福之所倚；福兮，祸之所伏。"就是说问题是命运送给你的机遇。什么是问题？其实就是你所经历的事情，而这件事一定是你不太容易达成的事情，所以被称为问题。

案例：苏珊的问题

苏珊最近非常郁闷，工作中出现越来越多的问题，常常把她弄得焦头烂额，为此她牢骚满腹，情绪也越来越暴躁，工作效率越来越低，眼看面临被解雇的危险。没办法，苏珊只好求助于心理咨询师。

苏珊见到心理咨询师后，又发起了牢骚，抱怨一阵后，她无奈地说："要是能找一份没有任何问题的工作就好了。"心理咨询师听后，笑笑地说："有，我带你去这个地方吧！"

苏珊很好奇，还真有这样的地方。她跟随心理咨询师来到了郊外，苏珊下车一看，诧异不已，原来是一处墓地。心理咨询师指着前面的坟墓对她说："你看看吧，只有这里才没有问题，也只有这里的人才不会被问题困扰。"苏珊恍然大悟。

【议一议】

看完这个故事你有什么感受？它说明了什么？

这个故事听起来有点严肃，但它证明了一个问题，人只要活着，就必须面对各种问题，必须处理各种事情。从这个角度来说，人活在世上就是为了解决一个个问题而来的。小时候要解决说话、走路、穿衣等问题；学生时代要解决读书、写字等问题；参加工作后要解决生存、实现个人价值等问题。在解决的过程中，我们又会碰到很多工作中特有的问题，如人际关系问题，职业发展问题等。所以，我们说"有问题是正常的，没有问题才是不正常的"。

刚踏出校园的中职生对于职场还不是很了解，尽管在职场总会遇上这样那样的问题，但是我们如果做好准备，当遇上问题的时候才能从容解决。那么职场新人面临的问题都有哪些呢？

- **工作压力太大**

中职生在学校结束了悠闲读书时光转而进入职场，工作压力大是很多职场新人的共同感受。从学生到职场人的转变是必需面对的重要课题。

小华好不容易进了某 500 强企业的下属制造厂，但是三个月不到就离职了，问及原因是"工作压力太大，每天早上醒来，睁开眼睛，想起做也做不完的工作，觉得痛苦至极。打从上班开始我和男朋友总共才见了两次面，这哪是人干的工作啊！"

我们内心是否有过这样的想法：工作、学习是可以一下子做完、学完的，但实际上工作是要持续的、循序渐进的完成与完善。比如学习，学完了静态的知识，还有动态的实践。如果我们总想一步到位，而现实是不可能一步到位的，这种想法就会带给我们压力而不是动力。有人说，学习、工作就像过日子一样，一天天的过，你不能急，急也得这样过。

- **缺乏工作兴趣**

会计专业的阿玲刚过试用期就耐不住性子准备离职："每天的工作除了登录财务系统进行填报，就是去银行存款、取钱，工作十分枯燥。我发现一点儿也不喜欢做财务的感觉，实在是受不了！"

很多人都希望自己生活工作中一直充满惊喜与兴奋，但真正进入职场几年以上的人都明白这样一个道理，生活工作中 99%遇到事情都是再平常不过的柴米油盐与总结汇报。如果你遐想了一个职场世界，而现实与你的遐想不符，那么痛苦的一定是你自己，为了回归真实，请脚踏实地看清真实职场世界。

- **无法胜任工作要求**

有的中职生在学校所学的知识与实际工作不能有效对接，不能尽快熟悉环境和掌握新知识，不能胜任岗位要求。

"学校的知识掌握得挺好，但在实际工作当中却发现远远不够用，感觉达不到企业的高要求，这让我很忧心。"文秘专业的小霞如是说。

她去年一毕业就应聘到了某上市集团公司做总经理秘书，前几个月似乎干得还不错，但年末接二连三的总结和工作计划让她一时间倍感重负，根本喘不了气。

很多人进入了企业认为工作是会一成不变的，但企业其实每天都在发展，也意味着每天的工作内容都会随着企业的发展变化而有所变化，所以进入企业与社会也就意味进入了一个需要一直学习实践的平台，不能总期望自己曾经所学和曾经的经验、能力能覆盖一直变化的企业与社会。如果你有了无法胜任的感受，那就意味着继续充电补充的时刻来了。

- **薪资太低**

"一年来我任劳任怨，从早忙到晚，可每个月才 1800 元，交完房租除去吃喝，我连同学聚会都不敢参加。我有个同学一年跳了三次槽，每跳一回工资都往高了要，现在快多出我一倍了，大家都很是羡慕。"学机械设计的阿勇倾诉着他的苦恼。

试想一下，如果所有人都采用跳槽的方法来提升自己的工资水平，而不是通过为企业实现更大的价值来实现工资的提升，那么所有企业遇到这样爱跳槽的人之后，企业也变得不稳定，不稳定就意味的不能有发展，企业的发展平台都没有了，还往哪里跳槽呢？薪资的高低往往由个人的商业价值而定，跳槽并不是唯一的方法，提升自己的能力才是关键。

- **个人发展空间小**

学商务英语的梅子说："老师常说，要降低就业期望值，到基层去，到民企去，到中小型公司去，可是我去的这家外贸公司也忒小了点，算上我一共也就 3 个人，一个项目做完后至少得闲上半个月才有新活，我觉得在这里几乎没有发展空间可言。"

发展空间再小，那也是一个平台，尤其是小微企业的平台，这个平台有很多不完善的地方，反而意味着个人需要更多的补位与完善，恰恰人数少的小微企业带给个人的发展机会往往多于大企业平台。小微企业因为制度、流程不完善，往往需要人来想尽一切办法补位，这恰恰锻炼了员工的综合能力；而大企业的流程、制度相对完善，企业只需要员工做好自己岗位的职责，这恰恰没有最大地调动员工的综合素质。所以说不能因为看到人数少的企业就以为是没有发展的平台，真正的发展，取决于你的内心有没有发展的视野。

- **找不到发展方向**

学人力资源的阿强在校园招聘会上拿到了知名金融公司的人力资源助理一职，入职后才知道虽身处人力资源岗位，但干的工作却与人力资源没有太大关系，领导安排她管理公司档案和印章，收发报纸和文件，有时还要兼顾会务协调，概括起来就是在"打杂"，半年多过去了，她对自己的职业发展感到十分迷茫。

任何企业中所发生的事情都是有着相互联系的，如果你从企业角度看，就会发现人力资源是一个管理人才梯队的部门，这个部门既要解决员工的选、用、育、留等各种行政流程，同时还要为企业宣导企业文化与制度。所以明白了这个部门的存在意义与部门目标，就会明白管理档案、印章是管理人事文件中的必要工作，收发文件、报纸等工作是宣传企业文化与制度的一种工作手段，有了这样的理解与联系，你也就有了在这个部门的实践学习路线图，先实践基础的工作，再实践较难的工作。

- **职场人际关系复杂**

在广告公司工作近一年的小刘说，自从入职到现在，每天都小心谨慎，几乎很少跟同事说话。因为在她刚进公司时，同事阿梅因为私下议论老板的私人生活，第二天便被炒了鱿鱼，从那以后她觉得办公室总有老板的耳目，人际关系骤然复杂。

职场中人际关系的处理方式其实很简单，就是不断地理解企业发展目标，在做好自己本职工作的同时，了解上下游工作岗位的职责，以做好配合工作。在与同事交流的时候关注事情进展的情况,而不是不断地担心别人的心情如何,更不能用工作以外的事情来评价别人。

- **企业文化无法融合**

"我最受不了的是公司弄得跟国企似的,太形式化。每天开晨会,周一开例会,周二学企业文化,周三内部培训,周四头脑风暴,周五项目讨论,动不动就要交学习心得和体会,又是司庆又是纪念活动,还得应付领导来视察工作,务实的事干得太少,让人很难干下去!"证券公司职员周伟这样感慨。

企业发展到不同阶段会形成不同的企业文化。刚刚创业的企业的文化氛围是所有的事情要有效率,那么企业会简化一切可以简化的事务性工作。到了企业发展相对成熟阶段,但还没有完全稳定的时候,企业需要建立统一的标准与流程,就会产生很多事务性的会议。证卷公司的小周也许就处在这样发展阶段的企业,所以事务性事情比较多。如果我们能从企业的不同发展阶段来理解企业的不同文化氛围,也许内心里的不适应会少一些,理解企业行为的心理会多一些。

- **知识有限进步小**

从事幼儿教育的小兰表示:我在这家幼儿园一年半了,原本是想通过这份工作来积累一些经验,为今后自己开亲子教育工作室做准备,但来了一段时间后发现,学到的知识十分有限,没有达到我先前的规划预期。

子曰:学而时习之,不亦乐乎。"学"与"习"本身就是两件事,学知识、理论、经验、方法是"学"的范畴,而学之后需要的是实践,就是"习"的部分,通过实践验证知识、理论、经验、方法的可用性。这两部分构成了我们的真正学习体系。小兰在幼儿园真正要完成的是学习体系中的"习"的部分,也就是验证曾经学到的理论、知识、经验、方法还需要怎样调整甚至需要补充哪些内容。如果觉得一个实践的平台——幼儿园没有什么可学的知识,实际上是小兰没有定位清晰幼儿园是来实践验证她曾学过的东西是否够用、实用的平台。

职场新人的路是无法一帆风顺的,需要面对各种各样的问题,所以要经受得住考验,转变思路才能懂得校园与职场的差异,遇到问题积极分析才能解决问题,才能在职场上长久的发展下去。

📖 解决问题先关注态度再关注方法

- **关注态度**

在解决问题的过程中,态度起着至关重要的作用。我们知道,职场中的问题是不可避免的,但是我们面对问题的回应方式与态度却完全操之在个人。一种人会善于化问题为机遇,并紧紧抓住这个机会解决问题,创造更大的成绩。另一种人遇到问题会抱怨、逃避或为此烦恼，让机会溜走。

在一座美丽的树林里，住着一只小猴子，它整天玩呀玩，老玩个没够。天快下雨了，它还在荡秋千！大雨"哗哗"地下起来了，小松鼠急急忙忙跳上树枝，往树洞里钻，那儿就是它的家。小刺猬也连忙躲进了它漂亮的、像个大蘑菇似的房子里。只有小猴子在这儿淋着雨，因为它没有房子，没有自己的家。小猴被雨淋得难受极了，它想："等明天我可一定要盖房子了。我要盖一座美丽的房子，有高高的屋顶、大大的门窗……"

雨停了，小猴子又搬木头，又折芭蕉叶，看样子，好像真要动手盖房子了。可是，没干一会儿，它又想："天气这么好，还是多玩一会儿吧！等明天再说。"玩呀玩，天渐渐黑了，一天就这样白白地过去了。

第二天，猴子慢腾腾地起来了。它是在画房子的图样。小猴先画了一个，看着房子小了，又画了一个大的。小松鼠见了，担心地问："这么大的房子，你什么时候能盖好呀？"小猴子想也不想地说："快，明天，等明天就能盖好了。我要请很多很多的朋友来新房子里做客！"于是，小猴子就去请大象，请它明天到自己盖的新房子里来做客。接着，它又去请小刺猬、小青蛙。小青蛙马上"呱呱"地叫开了："猴子要盖新房子啦！明天请大家去做客！"就这样，东跑跑，西逛逛，一天的时间很快又过去啦。小猴子跑累了，躺在软绵绵的芭蕉叶上，舒服极了。它说："天太热了，还是等明天盖房子吧！"

一夜过去了，大象驮着白兔和小刺猬，欢欢喜喜地来做客了，青蛙、啄木鸟骑在长颈鹿背上，摇摇摆摆地也来了。

客人们都来了，小松鼠叫它："小猴子，快醒醒，客人都来齐了，你的新房子在哪里呢？"

小猴子睁开眼睛，它想了一下，说："我不是叫你们等明天来吗？我的新房子明天才能盖好呢！"大伙儿惊奇地说："等明天？难道今天不就是你昨天说的明天吗？要是今天下起雨来，看你往哪儿躲？"

也真巧，刚说下雨，真的下起雨来了。客人们都急忙回家去了，只有猴子东奔西跑，没有地方可以躲藏。

【议一议】

1. 小猴子的目标是什么？猴子的问题是什么？

2. 小猴子为什么迟迟不解决问题？

小猴子表面的原因是贪玩，但深层次的原因是很多问题都不是简单问题，都是比较复杂或者很复杂的问题，解决它们会花费大量的时间和精力，由此产生畏难的情绪，这种畏难的情绪会产生解决问题太难的心理，导致一拖再拖。你明明知道问题是什么，但是却有意识地回避问题，一拖再拖。但是，问题如果不解决，它迟早还会出现，或者会更加猛烈地爆发。所以，有问题不能回避，更不能拖延，必须马上解决。

● **关注方法**

当问题出现时，有了解决问题的积极态度还不够，还要有解决问题的方法，两者相结合才能完美地解决问题，化问题为资源，化危险为机遇。

在了解解决问题的办法流程之前，首先必须知道什么是问题。

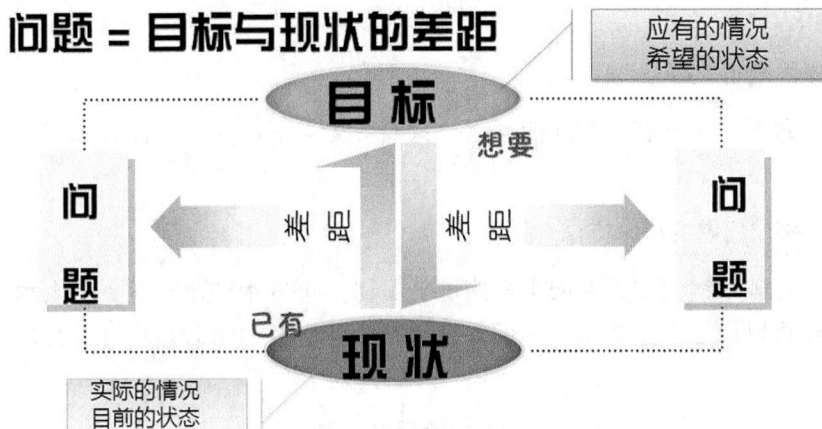

问题 = 目标与现状的差距

应有的情况
希望的状态

目标

想要

问题　　差距　差距　　问题

已有

现状

实际的情况
目前的状态

现实中有各种各样的问题，每个问题都有不同的原因，有着众多的表现形式，我们归结为现状与期望之间的差距，这是问题产生的本质所在。例如，我个子矮，但如果对此没有期望，那就不是问题。但如果你的期望是要长得高，那问题就产生了。在解决问题的过程中，明确问题是问题解决的第一步，也是最重要的一步，因为只有明确问题，才能开展随后解决问题的一系列步骤。

明确问题、描述问题的方法介绍：5W1H

What	什么问题？/当前状况是什么？
When	问题在何时发生？
Where	问题在何处发生？/有无位置的变化？
Why	为什么出现这个问题？（假设）
Who	和哪些人有关？/谁负责这项工作？
How	差距有多大？/问题出现多少次？

其次，要探求问题的原因。

案例：乌鸦搬家

一只乌鸦打算飞往南方，途中遇到一只鸽子，它们就一起停在树上休息。

鸽子问乌鸦："你这么辛苦，要飞到什么地方去？为什么要离开这里呢？"乌鸦叹了一口气，愤愤不平地说："其实我不想离开，可是这里的居民对我不友好，他们不喜欢听我的歌声，他们看到我就撵我，有些人还用石子打我，所以我想飞到别的地方去。"

鸽子说："别白费力气了，如果你不改变自己的声音，飞到哪里都不会受到欢迎的。"

【议一议】

乌鸦的问题出在哪里？

每个问题的产生都有其相应的原因，只有首先弄清原因，才能找到解决问题的正确方法。

第三，探求问题的原因方法介绍。

通过"打破沙锅问到底"的丰田式重复追问，可以帮助决策者更全面地思考问题的各个层面，可以用这个方法帮助我们寻找问题的"根"（真相），也可以帮助我们重新定义问题。

丰田式重复追问

你看到一个工人，正将铁屑洒在机器之间的通道地面上。

你问："为何你将铁屑洒在地面上？"

他答："因为地面有点滑，不安全。"

你问："为什么会滑，不安全？"

他答："因为那儿有油渍。"

你问："为什么会有油渍？"

他答："因为机器在滴油。"

你问："为什么会滴油？"

他答："因为油是从联结器泄漏出来的。"

你问："为什么会泄漏？"

他答："因为联结器内的橡胶油封已经磨损了。"

经常问5次为什么，就可以确认出问题的原因以及应采取的对策。

【练一练】

为什么我的成绩下降？找找原因。

日本一家电影公司的高级管理者，要开设新的电影院，但他只采用了一个非常简单的方法，就轻而易举的将问题解决了。他是怎么做的呢？他带领自己的下属，到将要开设电影院的城市的派出所进行调查。调查的目标很简单：哪个地方平时丢钱包最多，然后就选择丢钱包最多的地方开电影院。结果这家电影院成为公司开设的众多电影院中最火的一家。

他的思路：

1. 目标：最理想的地方——人最多的地方。

2. 人最多的表现：人头攒动、拥挤、吵嚷、容易丢东西、其他。

3. 去掉其他方面的表现，选择一个重要的侧面：容易丢东西。

4. 从哪里才能知道什么地方最容易丢东西——派出所。

第四，此步骤的主要目的是从众多的可能方案中找出一个"最佳"方案和能够真正达到解决问题的方案。可以从下面几个方面来评估。

A. 优缺点比较：为每一个方案分别写出优点、缺点，比较各方案得分，最多优点者被选择。

B. 可能性程度：解决问题的可能性程度依次为很可能、可能、不太可能。这样你就会更好地了解哪些可择方案更能解决问题。

C. 时间：长与短，急与缓。

D. 成本：高还是低。

最后，把执行方案与评估结果和目标作比较，看看是否达成目标。

📖 每个问题都是成长的机会

校园是半个职场，校园是半个社会，在校园内我们遇到的每一件事、每一个问题，都与社会、职场息息相关。校园里问题会解决、懂解决、解决好，那么当你进入职场时，很多别人看似严重的问题，对你来说就不成问题了。

案例：不情愿的班长

进入职校之前小黎是个很普通的学生，在班里连小组长也没当过。他一点儿也没想到，刚军训完后班主任就任命他为班长。

班主任有自己的考虑：这个财会班大部分是女孩，仅有的十个男孩却非常调皮难管，所以最好是找个男生当班长。这样既可以带动那几个调皮的男生，同时也不至于因为男生人少而觉得被忽略存在。班主任在军训期间看到小黎很认真，决定好好培养他成为一个优秀的干部。

小黎开始走马上任，每一步都走得很艰难。有时他很难管好自己，自然无法服众。而那几个调皮男生更是常常跟他对着干，他觉得自己要是再这样当班长下去，在班里的男同学中间就没有朋友了。而且，他其实并不那么稀罕当班长，于是他再三请辞。但是班主任无论如何也不准他辞职，经常花大量时间陪他谈心，教他工作方法，鼓励他。他只好硬着头皮磕磕碰碰地干下去。

直到期中考试前，班主任说准备实行干部竞选，小黎觉得自己肯定选不上，那多丢脸啊！于是再次坚决向班主任请辞。可这回班主任还是一边严厉批评他的懦弱，一边热情鼓励他坚持。他只能再次坚持了下来。

让他没想到的是，中段干部竞选，他竟然以高达90%以上的高票当选为正班长。那一刻，他激动万分，第一次对自己充满了信心。后来他才知道，那些和他捣乱对着干的人，并不是觉得他好欺负，也不是故意为难他，而是他们习惯了吵吵闹闹的沟通方式。其实，他们心里对小黎的为人是非常认可的，觉得他当班长班里能有公平。

以后的小黎充满了干劲和斗志，更加严格要求自己，还加入了校学生会，不断学习管理方法和技巧，工作越来越出色。

上了高二之后，他成为了学校学生会的副主席，直到高三毕业。

【议一议】

你怎么看待小黎所遇到的问题和成长？

尽管很多同学一厢情愿地把自己仅仅当作学生看，认为可以不用承担所有"准职业人"的责任，但这样的逃避行为能有多久呢？一个真正对自己负责的人，才能对别人负责任。一个人开始真正面对各种问题，就是他成长的开始。也许他没有能力立刻去解决所有的问题和困难，但他能面对那些事情，就能冷静地看待自己的优势和事态的发展变化，最终一定会找到解决问题的思路和办法。其实，所有的机遇来到我们的身边时，它已经化身为困难、问题、挑战、缺陷，就看我们的慧眼能不能协助自己把握好它们。

【拓展活动】

寻身边问题，找成长机会

【活动主题】

找一找我们在校园里可以锻炼自己成长的机会。

【活动目的】

1. 找出在校园中我们可以锻炼自己成长的机会。

2. 设计出你锻炼自己的计划。

【活动时间】

20分钟。

【活动步骤和要求】

1. 分成四个小组。

2. 宣布活动主题与要求。

3. 小组讨论：校园中，我们在生活、学习、班级工作、与人交往、同学关系等方面有哪些问题？写在大白纸上。

4. 思考我们如何可以把这些问题转化为自己成长的机会？小组分享。

5. 小组讨论：每组选一个改善的方面和具体措施，设计出锻炼方案。

6. 小组交差点评。

【点评分享】

1. 这些成长机会与进入职场时所遇到问题有怎样的基础作用？

2. 我们这些成长锻炼的方法是否可以借鉴到职场成长过程中去？请详细分析可以借鉴的原因。

【延伸阅读】

面对问题才是最好的办法

人生几十年，总会遇到这样那样的挫折、逆境、困难。一生下来就顺风顺水几十年的人，就如天外来客般稀罕。遇到些挫折、逆境是正常的，也无需怨天尤人，只要懂得面对就行了。那些成功的人，也并非一帆风顺，也在逆境中挣扎过。过来人大多不顺利，只是因为他们勇于面对逆境，懂得面对逆境。

或者退一万步说，你从一生下来就很不顺利，并没有前面说的那些"施予"，可那又怎样呢？只不过将处逆境的时间提前了而已，只不过将你的起点更放低些而已。到了今天，你已经能够独立思考，不正说明你已具备自立的能力了吗？尽管历经坎坷，历经曲折，但也正好说明你已经成长了，你的起点高了。因此，不管未来怎样，你还有什么不能面对的呢？

面对，有时需要很大的勇气。如何面对问题？如果不能坦然面对它、接受它，就不能放下它、处理它。而事实上，事情出现后，首先我们要做的不是发牢骚，而是要能够改善它，需要的是行动，而不是抱怨。若不能改变，我们也要面对它、接受它，绝不能逃避。逃避责任，损失依然在哪里，是不合算的，改善与处理糟糕的局面才是最聪明的。

这一切，都需要冷静。我们要告诉自己：任何事物、现象的发生，都有原因。我们不需追究原因，也无暇追究原因，唯有面对它、改善它，才是最直接、最要紧的。遇到任何困难、艰辛、不平的情况，都不能逃避，因为逃避不能解决问题，只有用智慧把责任担负起来，才能真正从困扰的问题中获得解脱。

放不下自己是没有智慧，放不下别人是没有慈悲。能够如此想，对一切人都会生起同情心与尊敬心。同情人家也是芸芸众生中的一个，尊敬人家也有独立的人格。

我们常遇到一些好像正被困在火海中的人来向我们求救。通常我们会倾听他们的问题，知道他们焦虑什么，但不会将他们的焦虑变成我们的问题，宜用理智来处理；对家族的问题，宜用伦理来处理；即使发生了不得了的大事，也应用时间来化解、淡化；如果真是无法避免的倒霉事，那只有面对它、接受它；能够面对它、接受它，就等于是在处理它；既然已经处理了，也就不必再为它担心，应该放下它了，不要老是想着："我怎么办？"而是睡觉时照样睡觉，吃饭时照样吃饭，该怎么生活就怎样生活。

如果你能做到这些，那就接近禅理了。平常生活中，禅如何教人安心呢？禅的态度就是：知道事实，面对事实，处理事实，然后就把它放下。无论遭遇任何状况，都不会认为它是一件不得了的事。如果已经知道可能发生什么不如意的事，能让它不发生是最好的；如果它一定要发生，担心又有什么用？担心、忧虑不仅帮不了忙，可能还会令情况变得更严重，唯有面对它才是最好的办法。

综 合 测 试

一、测一测

1. 解决问题应关注的两个重点是（　　）。

    A．关注态度　　　　　　　　　　B．关注资源

    C．关注问题的严重程度　　　　　D．关注方法

2. 下面环节（　　）是问题解决模式中的重要环节。

    A．明确问题　　　　　　　　　　B．寻求问题的原因

    C．寻求解决方案　　　　　　　　D．选择最佳方案

    E．执行方案和评估结果

二、练一练

问题解决大 PK

作为一名二年级的学生，再有半年就要毕业离开学校了，我的心情既充满了兴奋同时又充满了担忧和恐惧。兴奋的是离开了学校，我就自由了。我将像一只小鸟，通过自己的力量飞翔，我也将通过自己的双手和汗水创造美好生活。这些都让我对毕业充满了期待，可是又时常有一丝焦虑掠过心头，它总是在问我："你将去哪里？""你能行吗？"是的，对于我这样的普通技术学校的毕业生，对于如此激烈的求职者竞争，对于我所渴望的收入较高、有发展的职业岗位，我能胜任吗？

要求：利用刚刚学会的问题解决模式，从明确问题→探求问题的原因→寻找解决方案→选择最佳的方案→执行方案与评估结果（这一步可以先不做），作出一份问题解决报告。

第十课

管好自己的小脾气

【案例导入】

1965 年 9 月 7 日，世界台球冠军争夺赛在纽约举行。路易斯·福克思的得分遥遥领先，只要再得几分就能稳拿冠军。就在这时他发现一只苍蝇落在主球上，他挥一挥手赶走了。可是他伏身击球时苍蝇又飞回来了，他起身驱赶，但苍蝇好像在跟他作对，他一回身苍蝇就落在主球上，周围的观众发现了这个现象，开始哈哈大笑。

他的情绪恶劣到了极点，终于失去了理智，愤怒地用球杆去击打苍蝇，结果碰到了主球，裁判判他击到了球，于是他失去了一轮机会。他因此方寸大乱，连连失利，而对手约翰迪瑞越战越勇，最后获得了冠军。

第二天人们发现了路易斯的尸体，他投河自杀了。一只小小的苍蝇，竟然打垮了大名鼎鼎的世界冠军。

【议一议】

1. 什么真正击垮了一个世界冠军？

2. 你在生活中调解情绪的好办法是什么？

> 脾气暴躁是人类较为卑劣的天性之一，人要是发脾气就等于在人类进步的阶梯上倒退了一步。
>
> ——达尔文

活 动 体 验

画画我的情绪图

【活动目的】

体验认识到人生是一条曲线，而不是一条直线。重新解读自己的正面情绪与负面情绪。放下一些不能释怀的事，轻装前行。

【活动时间】

30分钟。

【活动道具】

笔、"我的情绪图"打印。

【活动步骤】

静心冥想环节：请学生回到当下，注意力放到自己身上。

（参考话术："请同学们先闭上眼睛，将后背打直，感觉自己的双脚踏在坚实的地面上，坐在稳固的椅子上，觉察到自己坐在这个教室里，感觉自己的呼吸，请放松舒服地呼吸。让你的心完全与自己在一起。同学们，接下来我们将做一个小活动。这个活动需要大家对自己和别人非常负责，需要大家特别投入，不要发出任何声音，如果你能做到，请无声地高高举起你的右手。"一般情况下，学生会举手，继续说，"如果你准备好了，请在我数出三秒后睁开你们的眼睛，1、2、3。"）（此过程已将"我的情绪图"放在每个学生前面）。

讲解情绪图的画法

横坐标为时间（年龄），纵坐标为情绪强度。先写事件（开心的写在上面，伤心的写在下面，越开心写得越上，越悲伤就越靠下），写完后连线。

学生画情绪图

（安排同学分散一点坐）学生画情绪图时老师可随着音乐引导学生回溯。

分享情绪图

可请学生主动分享，或者请画图时特别投入的学生分享。要求下面的同学保持绝对安静倾听。

【体验分享】

请静下来看自己的情绪图，尤其是自己最痛的那件事，回忆这件事发生时的情形：什么时候？当时什么感受？它对你现在的生命有何影响？

探 究 明 理

📖 情绪失控时创造力等于零

上述案例中的路易斯·福克思是被自己恶劣的情绪击垮的，本来可以一笑了之的事情，竟因情绪的失控而导致最后自杀的结局，让人扼腕叹息。

在日常生活中，人们常有这样的体验：高兴时神清气爽；悲伤时会食欲不振；忧虑时会辗转难眠；惊慌时心脏乱跳；愤怒时会热血冲头……这些都说明了情绪会对身体的内部功能产生影响。

相传成吉思汗有一个"盛怒杀爱鹰"的故事。他带着心爱的老鹰上山打猎，干渴难耐时发现一处有少量水渗出的山谷，便耐着性子用杯子接那滴答下来的泉水，在接满水准备喝的那一刻，杯子却被老鹰扑翻在地，而且如此反复两次。

成吉思汗勃然大怒，一气之下杀了爱鹰。之后当他寻找高处的水源地时才发现，原来爱鹰不让他喝水并不是出于逗弄，而是由于水源里有一条死去的毒蛇尸体。成吉思汗在盛怒那一刻已经被情绪"绑架"了，阻断了自己合理的思考过程，最终酿成大错。

【议一议】

你在受强烈情绪（如愤怒）的驱使时有产生过激的行为吗？在气愤的情况下，你会用哪些方法使自己平静下来？

在我们每个人的身上，都存在这样一种神奇的力量，它可以使你精神焕发，也可以使你萎靡不振；它可以使你冷静理智，也可以使你暴躁易怒；它可以使你安详从容地生活，也可以使你惶惶不可终日。总之，它可以加强你，也可以削弱你；可以使你的生活充满甜蜜与快乐，也可以使你的生活抑郁、沉闷、暗淡无光。这种能使我们的感受产生变化的神奇力量就是情绪。

情绪活动是无时不在、无处不在的，人人皆有情绪。在现实生活中，我们的行为经常是伴随着情绪反应，所以我们有时会因愤怒而不能自已，以致冲动、急躁、焦虑、抑郁等。

有一天，德国化学家奥斯特瓦尔德由于牙病疼痛难忍，情绪很坏。他拿起一位不知名的青年寄来的稿件粗粗看了一下，觉得满纸都是奇谈怪论，顺手就将其丢进了纸篓。

几天以后，他的牙痛好了，心情也好多了，而那篇论文中的一些奇谈怪论又在他的脑子中闪现。于是，他急忙从纸篓里把它捡出

来重读了一遍，结果发现这篇论文很有科学价值，他马上给一份科学杂志写信，加以推荐。这篇论文发表后轰动了学术界，该论文的作者后来获得了诺贝尔奖。

好的情绪可以带来理智的思维和行动，情绪失控时人的创造力等于零，甚至还会有异常恐怖的后果，就像世界台球冠军路易斯·福克思。

许多人至今仍对情绪的重要性认识不足。把情绪活动仅仅看作是内外部条件所引起的感情变化，是一种无关紧要的、暂时的精神状态，任其自然，很少进行有意识的控制与调节。然而，人是感情动物，人的思维、处世常受感情的牵引。如果不能正确认识到自己的情绪，并对情绪进行疏导、调节与控制，往往会产生难以预料或不可挽回的恶劣后果。

所以人们应当学会疏导、调节与控制自己的情绪。这就是**情绪管理**，也就是所谓的"先处理心情，再处理事情"。

情绪能不能管理？很多人认为不能管理，说我就是这个脾气，我也没有办法，我想改就是改不了，这种话我们听太多了。那这样就无从管理了。

其实这些都是不正确的，情绪不但可以管理，而且它比其他的事情你的自主性更高，因为我们是自己情绪的真正主宰，我们可以做自己情绪的主人，它跟别人没有太多的关系，它完全是我们自己在决定。

—— **曾仕强**

📖 初入职场必然产生情绪问题

职场新人初入职场，对角色转变的迷茫，新环境的不适应，人际关系的不协调，工作的不达标……必然会产生各种各样的情绪问题，这是正常现象，也是一名职场新人在成长的路上必须经历的。同时，如果我们没有处理好的话，这些情绪问题会令我们在职场中举步维艰。

案例："变脸"遭冷遇

彭婷是一家翻译公司的翻译，她谨言慎行，终于挨过了试用期。在与公司签订了正式合同后，她感觉身上的每个细胞都一下子放松了下来，她得意地想：我以后就是公司的正式员工了，和以前那些在自己面前"耀武扬威"的家伙的地位是一样的了。

正式上班后不久，部门经理拿来一大摞资料，说："彭婷，这是一家公司的中文资料，他们准备在自己公司的网站上设立英文版，你把这些资料翻译一下。"彭婷看着那摞厚厚的中文资料，有些抵触情绪，觉得经理就是欺负新人，为什么不把这样高强

度的工作安排给老员工？

但是，她还是强作笑脸地说："好的，我会尽快翻译。"虽然面对经理时，彭婷脸上浮现的是笑容，但是，当经理转身离开后，她像翻书一样，立刻把"笑脸"迅速翻成了"冷脸"。

她的这种面部表情变化没有逃脱部门经理"不经意"回转身的凌厉一瞥。只这么一瞥，部门经理就看出了彭婷内心强烈的抵触情绪。部门经理心里很是反感，决定以后尽量不给彭婷"添麻烦"了。

【议一议】

尽量不给彭婷"添麻烦"是什么意思？会有什么后果？

职场上一些新员工对于来自上司以及老员工的"指挥"有抵触情绪，这会在言行中表现出来，别人感受到这种"抵触"后，一般会识趣地"远离"你，你在职场中就会越来越孤立。"抵触情绪"就像"慢性毒药"一般，短时间里看不出危害，但是却能够在不知不觉中，让你在职场中"泯灭"。

案例：冲动是魔鬼

琳是某公司副总经理的秘书，外表时尚、性格直爽的她虽然做事比较细心，但是冲动的个性是其弱点之一。

有一次，在协助上司处理一宗客户投诉时，她说了不该说的话："你这个人怎么这么不讲理，我们公司会根据实际情况来对你进行赔偿，你不能提出这么无礼的要求。"说完，她气愤地挂掉了客户的电话。

当天下午，这位受到"特殊待遇"的客户怒气冲冲地来到公司，要求见总经理投诉琳。其他女同事看在眼里，对琳也议论纷纷："她平时说话也是不经过大脑的，不看对象。这下得罪客户了吧，冲动真是个魔鬼。"

【议一议】

琳的问题出在哪里？遇到这样的问题你会怎么做？

琳因为情绪失控、口不择言激怒了客户，最后害的还是自己。情绪是每个人都有的，尤其是初出茅庐的职场新人，从学校步入职场，需要一个过渡期和磨合期，初来乍到，更要控制住自己的情绪。

📖 学会正确表达与疏导情绪

人的情绪控制能力与学识高低并无直接关系，人在愤怒时，常控制不住"手劲"，一失手就是一生无法弥补的遗憾。所以我们必须提高情绪的管理能力，让激动和盛怒试着降温。因为动不动就愤怒的人，只是显示自己幼稚得无法自我驾驭情绪。

情绪管理的第一步：察觉自己的情绪

若要进行情绪管理，第一步就是要正确觉察自己的情绪，当我们产生情绪时，表示生活中有事件刺激而至引发警报。因此，我们要时时提醒自己注意："我现在的情绪是什么？"特别是当我们发现自己的情绪异常时要特别警觉。

情绪管理的第二步：采取相应的行动

情绪如同潮水，有潮涨就有潮落。有人以为，在情绪冲动时等待其退潮一定是一件很难的事，一定需要巨大的毅力与意志。其实不然，在情绪的把握上，有时甚至只需要短短的几分钟和很简单的几个行为。所以，当情绪冲动时，只要我们懂得把握自己不采取行动，有时甚至只需要一分钟的把持，就可以避免许多麻烦甚至不幸。

● **转移注意力**

案例：跑三圈的秘密

在古老的西藏，有一个叫爱巴的人，每次和人生气起争执的时候，就以很快的速度跑回家，绕着自己的房子和土地跑三圈，然后坐在田边喘气。

爱巴工作非常勤奋努力，他的房子越来越大，土地也越来越广。但不管房和地有多么广大，只要与人起争执而生气的时候，他就会绕着房子和土地跑三圈。

爱巴为什么每次生气都绕着房子和土地跑三圈呢？所有熟悉他的人心里都想不明白，但不管怎么问他，爱巴都不愿意明说。

直到有一天，爱巴很老了，他的房和地已经太广大了，他生了气，拄着拐杖艰难地绕着土地和房子转，等他好不轻易走完三圈，太阳已经下了山，爱巴独自坐在田边喘气。

他的孙子在旁边肯求他："阿公，你已经这么大年纪了，这四周地区也没有其他人的土地比你的更广大，你不能再像从前，一生气就绕着土地跑三圈了。还有，你可不可以告诉我你一生气就绕着房子和土地跑三圈的秘密？"

爱巴终于说出了隐藏在心里多年的秘密，他说："年轻的时候，我一和人吵架、争论、生气，就绕着房屋跑三圈，边跑边想自己房子这么小，土地这么少，哪有时间去和别人吵架呢！想到这里气就消了，把所有的时间都用来努力工作了。"

孙子问道："阿公！你年老了，又变成最富有的人了，为什么还要绕着房子和土地跑呢？"爱巴笑着说："我现在还是会生气，生气时绕着房子和土地跑三圈，边跑边想，自己房子这么大，土地这么多，又何必和人计较呢？一想到这里，气就消了！"

【议一议】

1. 爱巴老人用了什么办法来调节他的情绪？

2. 说说你常用的调节情绪的方法。

爱巴老人用转移注意力的方法让自己永远不生气，注意力转移法就是把注意力从引起不良情绪反应的刺激情境中，转移到其他事物上去，或去从事其他活动的自我调节方法。当出现情绪不佳的情况时，要把注意力转移到使自己感兴趣的事上去，如散散步，看看电影，读读书，打打球，下盘棋，找朋友聊天，换换环境等，这样有助于使情绪平静下来，在活动中寻找到新的快乐。

● **适度宣泄**

一天，美国前陆军部长斯坦顿来到林肯那里，气呼呼地说一位少将用侮辱的话指责他偏袒一些人。林肯建议斯坦顿，写一封内容尖刻的信回敬那家伙。

斯坦顿立刻写了一封措辞强烈的信，然后拿给总统看。"对了，对了。"林肯高声叫好，"要的就是这个！好好训他一顿，真写绝了，斯坦顿。"

但是当斯坦顿把信叠好装信封里时，林肯却叫住他，问道："你干什么？"

"寄出去呀。"斯坦顿有些摸不着头脑了。

"不要胡闹。"林肯大声说："这封信不能发，快把它扔到炉子里去。凡是生气时写的信，我都是这么处理的。这封信写得好，写的时候你已经解了气，现在感觉好多了吧，那么就请你把它烧掉，再写第二封信吧。"

【议一议】

你觉得林肯的建议有用吗？如何运用类似方法渲泄自身的不良情绪？

林肯在让斯坦顿适度宣泄负面的情绪。过分压抑只会使情绪困扰加重，而适度宣泄则可以把不良情绪释放出来，从而使紧张情绪得以缓解、轻松。发泄的方法有很多，如哭泣、做剧烈的运动（跑步、打球等）、放声大叫或唱歌、向他人倾诉、写日记、写给自己的一封信等。

● **改变思维，调整心态**

从问题模式转向效果模式。

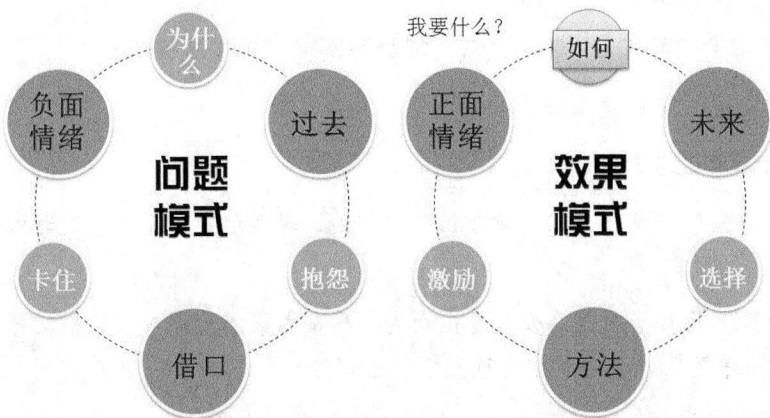

我要什么？

问题模式：为什么 负面情绪 过去 卡住 抱怨 借口

效果模式：如何 正面情绪 未来 激励 选择 方法

一般人在碰到问题和困难时，常问"为什么"，如"为什么他们看不起我？""为什么我要做这些杂活？""为什么……？"这时我们的关注点就会到达过去，就会抱怨，同时拼命地找原因，其实这些找到的原因大多是借口，情绪就会被卡住，就会产生负面情绪，进入一个恶性循环。这就是问题模式。

正确的方法应该是在碰到问题和困难时候，不要急着问"为什么"，而是马上问"我想要达到的理想效果是什么"，如"我想要大家都尊重我""我想要干一些有质量的工作"；接着问"我如何能达到它"，如"我如何能让大家都尊重我""我如何能让公司给我派一些有质量的工作"。这时我们的关注点就会到达未来，就会去做选择，同时拼命地找方法，当我们不断地找方法时，情绪就会受到激励，就会产生正面情绪，进入一个良性的循环。这就是解决问题的效果模式。

所以，当我们碰到问题和困难时，对自己大喊一声："太棒了，这事也能让我碰上，又给了我一次成长的机会"。

【拓展训练】

情绪不稳定时的呼吸方法

人们在紧张、焦虑、激动等情绪不稳定的状态下，特别容易出现呼吸浅短、急促或呼吸节奏紊乱等现象。在气愤的时候，调整呼吸尤其是深呼吸是非常见效的。这里介绍的是情绪不稳定时采取的呼吸方法。

【活动目的】

通过调整呼吸来调整情绪的方法训练。

【活动时间】

10分钟。

【活动准备】

1. 找一个相对安静的地方坐好或站立。

2. 穿着舒适，最好穿宽松的衣服，并摘掉眼镜、手表等饰物。

3. 如能有人一起陪同更好。

【活动步骤和要求】

1. 端坐在靠背的椅子上，尽量放松，均匀地、轻轻地做深呼吸，这时候最好用腹式呼吸法。

2. 闭上嘴，用鼻子吸气，吸气是主动的，尽量做最大的深呼吸；然后微微张开嘴，用口慢慢呼气，呼气是被动的动作，直至把气全部呼出。

3. 重复上述步骤五次，可以安抚你的焦躁情绪，使身体完全进入放松状态。

【延伸阅读】

控制情绪的四大要点

一、不要见人就发泄情绪

向同事或毫无裁定权的人发泄情绪，只能使你得到更多人的厌烦。解决方式是：直接去找你可能见到的最有影响力的一位上司，然后心平气和地与上司讨论。假使这个方案仍不管用，你可以向更高层次的上司求助。

二、只抱怨是无出路的

寻找事情进展的下一步是你要遵循的法则，如果只是在原地抱怨，心情会更遭，而事情的状态还是原来那样。

三、不放大你的情绪

如果你怒气冲冲地找上司表示你对他的安排或做法不满，很可能把他也给惹火了。所以，即使感到不公平、不满、委屈，也应当尽量先使自己心平气和下来再说。过于情绪化将无法清晰地说明你的理由，而且还使得对方误以为你是对他本人而不是对他的安排不满，如此你就应该另寻出路了。

四、注意抱怨的场合

发泄情绪时，要多利用非正式场合，少使用正式场合，尽量与上司和同事私下交谈，避免公开提意见和表示不满。这样做不仅能给自己留有回旋余地，即使提出的意见出现失误，也不会有损自己在公众心目中的形象，还有利于维护上司的尊严，不至于使别人陷入被动和难堪。

控制好自己的脾气是职场中获得良好人缘的重要手段，想要在职场有更好的发展，你必须将那些负面的情绪抛离，保留正面的情绪，这样你的工作一定能做得更好。

综 合 测 试

一、测一测

情绪管理测试

第1～9题：请从下面的问题中，选择一个和自己最切合的答案，但要尽可能少选中性答案。

1. 我有能力克服各种困难：（   ）。

   A. 是的   B. 不一定   C. 不是的

2. 如果我能到一个新的环境，我要把生活安排得：（   ）

   A. 和从前相仿   B. 不一定   C. 和从前不一样

3．一生中，我觉得自己能达到我所预想的目标：（   ）。

    A．是的   B．不一定   C．不是的

4．不知为什么，有些人总是回避或冷淡我：（   ）

    A．不是的   B．不一定   C．是的

5．在大街上，我常常避开自己不愿打招呼的人：（   ）。

    A．从未如此   B．偶尔如此   C．有时如此

6．当我集中精力工作时，假使有人在旁边高谈阔论：（   ）。

    A．我仍能专心工作   B．介于 A、C 之间   C．我不能专心且感到愤怒

7．我不论到什么地方，都能清楚地辨别方向：（   ）。

    A．是的   B．不一定   C．不是的

8．我热爱所学的专业和所从事的工作：（   ）。

    A．是的   B．不一定   C．不是的

9．气候的变化不会影响我的情绪：（   ）。

    A．是的   B．介于 A、C 之间   C．不是的

第 10～16 题：请如实选答下列问题。

10．我从不因流言飞语而生气：（   ）。

    A．是的   B．介于 A、C 之间   C．不是的

11．我善于控制自己的面部表情：（   ）。

    A．是的   B．不太确定   C．不是的

12．在就寝时，我常常：（   ）。

    A．极易入睡   B．介于 A、C 之间   C．不易入睡

13．有人侵扰我时，我：（   ）。

    A．不露声色   B．介于 A、C 之间   C．大声抗议，以泄己愤

14．在和人争辩或工作出现失误后，我常常感到震颤，精疲力竭，而不能继续安心工作：（   ）。

    A．不是的   B．介于 A、C 之间   C．是的

15．我常常被一些无谓的小事困扰：（   ）。

    A．不是的   B．介于 A、C 之间   C．是的

16．我宁愿住在僻静的郊区，也不愿住在嘈杂的市区：（　　）。

　　A．不是的　　　　　　　　B．不太确定　　　　　　C．是的

第 17～25 题：在下面问题中，每一题请选择一个和自己最切合的答案，同样少选中性答案。

17．我被朋友和同事起过绰号、挖苦过：（　　）。

　　A．从来没有　　　　　　　B．偶尔有过　　　　　　C．这是常有的

18．有一种食物使我吃后呕吐：（　　）

　　A．没有　　　　　　　　　B．记不清　　　　　　　C．有

19．除去看见的世界外，我的心中没有另外的世界：（　　）。

　　A．没有　　　　　　　　　B．记不清　　　　　　　C．有

20．我会想到若干年后有什么使自己极为不安的事：（　　）

　　A．从来没有想过　　　　　B．偶尔想到过　　　　　C．经常想到

21．我常常觉得自己的家庭对自己不好，但是我又确切地知道他们的确对我好：（　　）。

　　A．否　　　　　　　　　　B．说不清楚　　　　　　C．是

22．每天我一回家就立刻把门关上：（　　）。

　　A．否　　　　　　　　　　B．不清楚　　　　　　　C．是

23．我坐在小房间里把门关上，但我仍觉得心里不安：（　　）。

　　A．否　　　　　　　　　　B．偶尔是　　　　　　　C．是

24．当一件事需要我作决定时，我常觉得很难：（　　）。

　　A．否　　　　　　　　　　B．偶尔是　　　　　　　C．是

25．我常常用抛硬币、翻纸、抽签之类的游戏来预测凶吉：（　　）。

　　A．否　　　　　　　　　　B．偶尔是　　　　　　　C．是

第 26～29 题：下面各题，请按实际情况如实回答，仅须回答"是"或"否"即可，在你选择的答案后打"√"。

26．为了工作我早出晚归，早晨起床我常常感到疲惫不堪。是_____否_____

27．在某种心境下，我会因为困惑陷入空想，将工作搁置下来。是_____否_____

28．我的神经脆弱，稍有刺激就会使我战栗。是_____否_____

29．睡梦中，我常常被噩梦惊醒。是_____否_____

第 30～33 题：本组测试共 4 题，每题有 5 种答案，请选择与自己最切合的答案，在你选择的答案下打"√"。答案标准如下：1=从不，2=几乎不，3=一半时间，4=大多数时间，5=总是。

30．工作中我愿意挑战艰巨的任务。　　　　　　　　　　1　2　3　4　5

31．我常发现别人好的意愿。　　　　　　　　　　　　　1　2　3　4　5

32．能听取不同的意见，包括对自己的批评。　　　　　　1　2　3　4　5

33．我时常勉励自己，对未来充满希望。　　　　　　　　1　2　3　4　5

计分方法：请按照记分标准，先算出各部分得分，最后将几部分得分相加，得到的分值即为最终得分。

第 1～9 题，每回答一个 A 得 6 分，回答一个 B 得 3 分，回答一个 C 得 0 分。计＿＿＿分。

第 10～16 题，每回答一个 A 得 5 分，回答一个 B 得 2 分，回答一个 C 得 0 分。计＿＿＿分。

第 17～25 题，每回答一个 A 得 5 分，回答一个 B 得 2 分，回答一个 C 得 0 分。计＿＿＿分。

第 26～29 题，每回答一个"是"得 0 分，回答一个"否"得 5 分。计＿＿＿分。

第 30～33 题，从左至右分数分别为 1 分、2 分、3 分、4 分、5 分。计＿＿＿分。总计为＿＿＿＿分。

分数解释：

● 90 分以下 EQ 较低，常常不能控制自己，极易被自己的情绪所影响。很多时候，容易被击怒、动火、发脾气，这是非常危险的信号——你的事业可能会毁于你的急躁。对于此，最好的解决办法是能够给不好的东西一个好的解释，保持头脑冷静，使自己心情开朗。记住富兰克林的话："任何人生气都是有理的，但很少有令人信服的理由。"

● 得分在 90～129 分，说明你的 EQ 一般，对于一件事，你不同时候的表现可能不一，这与你的意识有关，你比前者更具有 EQ 意识，但这种意识不是常常都有，因此需要你多加注意、时时提醒。

● 得分在 130～149 分，说明你的 EQ 较高，你是一个快乐的人，不易恐惧担忧，对于工作你热情投入、敢于负责，你为人更是正义正直、同情关怀，这是你的优点，应该努力保持。

● 得分 150 分以上，EQ 高手，你的情绪智慧不但是你事业的阻碍，更是你事业有成的一个重要前提条件。

二、练一练

如果在外边遇到别人吵架，认真观察一次。双方吵架的原因是什么？双方各自的表现是什么样？你认为用哪些方法可以避免或者化解这样的情况。

第三单元

职场发展

第十一课

你的圈子有多大

【案例导入】

深夜，一老一小两个和尚结伴回寺院。

通往寺院的山路本来就坑坑洼洼，再加上白天下过雨，路面未干，走起来有些艰难。

为了照顾小和尚，老和尚把灯笼让给了他。

师徒俩人回到禅房，脱鞋准备睡觉的时候，小和尚发现自己的鞋又脏又湿，而师傅的鞋则一尘不染。小和尚十分惊讶，好奇地说："师傅，我打着灯笼都把鞋走脏了，你没打灯笼，鞋子为什么一尘不染呢？难道你真练有轻功吗？"

老和尚听罢，微微一笑，双手合十道："鞋子脏不脏与灯笼关系不大，主要看你的心在不在。"

小和尚没听懂，但下意识地摸了摸胸口。

老和尚接着解释："你拎着灯笼的时候，眼睛只注视灯笼，怕风把它吹灭，脚下自然顾不上了，所以，即使鞋踩到泥坑你也未觉察。我虽然没灯笼照明，但我的心和眼睛都注视脚下，借着你灯笼的余光，可以看得更清楚些。这样，自然会避过坑坑洼洼，鞋就没有被泥水给弄脏。"

【议一议】

1. 小和尚听了老和尚的话，如果再走一遍的话，你认为会怎样？

2. 你在做一件事的时候，如何做才能更专注一些？说说你的经验。

　　对于周恩来总理来说，任何大事都是"从注意小事入手"这一格言是有一定道理的。他虽然亲自照料每棵树，也能够看到森林。

　　　　　　　　　　　　　　　　—美国前总统尼克松

活 动 体 验

打开一扇门

【活动目的】

通过活动让所有同学都参与，启发大家的创意。

【活动时间】

20分钟。

【活动道具】

在室内进行活动，每组一张大白纸，一把剪刀。

【活动步骤】

1. 先把参加者按照五人一组进行分组，注意男女比例。

2. 主持人宣布要求：准备五分钟，每个组把这张纸剪成一个大圈，之后开始计时，以小组的所有人都钻过去所用时间最少的小组获胜。

3. 参加者不允许借助其他物料，如果在比赛过程中，纸带断掉，则为失败。

4. 排名最后者表演节目。

【体验分享】

1. 看似一次很小的任务，很简单的活动，体会一下你是如何与同伴达成意见一致的？如何进行整体行动策划的？

2. 为了让活动顺利进行，大家还利用了哪些资源，如安全守则、约定、规则等。

探 究 明 理

📖 善用圈子资源促发展

在职场中，第一步是生存，之后才是发展。八小时之内的工作是为了求生存，而八小时之外的学习和积累是为了再发展。发展的过程就是发现自己身边的资源，利用这些资源丰富自己、完善自己、提升自己的过程。

拓展自己的关注度，拓展自己的圈子是谋求职场发展的重要环节。一个人对周围的关注度小，他对环境能够产生影响的范围就小，他对工作的贡献也会有限。所以，一个人的圈子决定了自己的发展。

培训师孙老师经常到一家企业的呼叫中心去讲座，和许多学员都很熟悉。孙老师也经常在办公区遇到她所培训过的学员。她每次都对这些学员主动报以鼓励和赞赏的微笑，但她发现，不是每个人都回应与她打招呼。经总结分为以下三种情况：

A 类员工：他们通常会低着头，对环境很小心。当孙老师看他们时，他们应该感觉到孙老师注视自己，但他们还是不愿意主动回应。对老师视而不见。

B 类员工：他们通常起初会假装看不到，但如果路比较窄，到了万不得已的时候，才好像刚发现一样，向孙老师问好。他们也能对老师尽量以礼相待。

C 类员工：他们会很主动地关注周围的事物，会远远就看到孙老师，然后报以微笑，问候，并且还能聊上几句，如"孙老师，您来了！""您吃饭了吗？""喝水了吗？""需要我为您做些什么吗？"等。对人能很全面的关心。

我们把 C 类员工称为睁眼者，他们时刻关注外界环境并与周围的人进行积极互动，也时刻关注着外界的机会，也有能力抓住机会。

我们把 A 类员工称为闭眼者，他们仅仅能关注自己的感受，有自己的小圈子。如果有了环境的变化和新的发展机会，他们未必能注意到，甚至根本不关注。

你在学校中有这样的同学吗？你更愿意与哪类同学交往呢？一个在企业已经站稳脚跟的职业人，如何进行职业提升和发展呢？首先就要做一个睁眼者，这样才能看到身边的资源。

有很多同学说：我只不过是一个学生，身边哪里会有什么资源呢？也不是官二代，也不是富二代。的确，我们绝大多数人都没有什么背景，没有什么特长，但这并不代表我们自己没有资源。你只要在一家企业有了

一个位置，哪怕是个很不起眼的位置，你就会拥有很多资源。一个职场人的资源包括企业的品牌、企业的规章制度、企业文化、工作流程、公司统一的形象、公司的标识、公司的产品、公司在社会上的口碑等。认识、了解、掌握、运用这些资源就可以让一个职场人越来越能够游刃有余。

案例：我能做好这个项目吗？

婚假刚过完不久，计算机维修服务站的领导就给小吴派了个大活儿。

今天站长把小吴叫到他的办公室说："小吴，6 月中旬以后我们站需要接一个学校客户的大量设备的安装服务，刚好周工（周工是小吴公司的技术大拿，也是小吴的师傅，在服务站工作了四年多）最近家里有急事，不能回站里。我想让你带领一小组工程师把这个项目完成了。你来站里也有两年多了，经验也很丰富，所以我想你能把这事解决了。另外，这个学校有三所分校，而且他们这次不仅采购我们 200 台笔记本，还采购了 90 台投影仪，并且要在学生开学前将所有设备安装完成，以确保学校开学后使用。你觉得应该没什么问题吧？"

小吴在维修方面还有点经验，但主持这么大的项目能行吗？

另外，站长告诉小吴，这个业务是公司销售经理高翔承接的，谁都知道他是公司的红人，平时就没把服务看在眼里，他会支持小吴吗？

【议一议】

这个项目小吴该怎么做？

这是在计算机维修服务站工程师小吴的博客内容。刚接到重要任务的确让他有点压力。在企业中都是以完成重要任务为核心的，通常把这样的核心任务称作项目。工程师小吴就是这个项目的主要负责人，也称项目经理。他的职责是为保障任务的顺利完成，负责与项目相关的所有人员进行协调，争取其他部门的资源支持。请你想想，我们身边的这些人会支持我吗？他们是我的资源吗？这是很多人都会关注的问题。

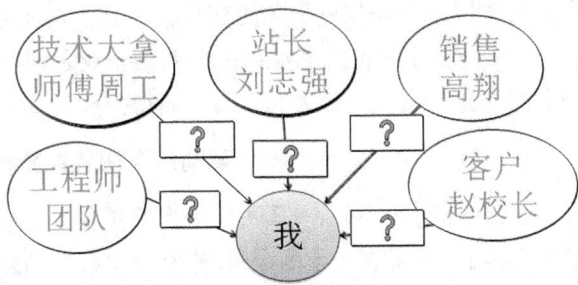

善用资源——我们的资源在哪里？

我们先来看看，项目的总目标：把学校采购的 200 台笔记本和 90 台投影仪送到学校，并在学生开学前将所有设备安装完成，以确保学校开学后使用。

那么我们看，客户赵校长，他会不会帮助工程师小吴呢？答案当然是肯定的，他一定会帮助小吴的。在校方他是负责人，如果在安装的过程中，得到的支持不够，有可能会影响安装质量。设备如果在使用时效果不好，那么，未来使用的老师们自然就会认为是赵校长负责的项目有问题。例如，工程师将来安装的时候，校长会安排专门人员配合，提供便利。所以，赵校长会全力以赴地支持小吴的工程师团队做好安装工作。

再如销售的红人高翔，他会全力以赴的帮助小吴吗？答案当然是肯定的，他一定会帮助小吴。他和赵校长关系很好，他也希望这个项目做得漂亮些。这样，负责这个具体项目的小吴如果需要什么资源支持的话，他肯定会给予最大的支持。

依次类推，站长、师傅周工、工程师团队的弟兄们都会支持小吴。他们不仅是小吴的资源，而且还会献计献策把自己的资源也贡献出来。共同的目的只有一个：把这个项目顺利、高质量地完成。

只有对工作目标的理解越全面、越细致，小吴才能够得到更多的资源支持。职场人不要用一个任务的小圈子把自己的关注度限制起来，要把自己关注的视野从工作任务扩大到工作目标，顾及工作进展中所有的人以及他们的共同利益。一个人的成功度取决于他关注的视野和思维的圈子有多大。

做事优秀是每家企业挑选员工的基本标准，若一个人办事说话都无可挑剔，那么就说明此人的思维已是非常周密，这个人无论做什么都必然会取得成绩。考虑周全是一种无意识乃至下意识的行为，是无须提醒而自然产生的，也最能反映出一个人的性格习惯。若一个人在行为举止上都非常注重细节，那么他必然有一个优秀的习惯和素质。

📖 学会让大家都满意

有这样一个说法：一个人会照顾自己，就算成熟了；一个人能照顾两个人的时候，他就可以结婚了；一个人能照顾三个人的时候，他就可以要小孩了；一个人能照顾更多的人的时候，他就可以当领导了。

在照顾自己利益时，也要让合作方满意，大家都满意才是共赢。在人与人之间，共赢会赢得友情、信任和更长久的交往；在客户与企业之间，共赢意味着客户得到了满意的服务，企业得到了应得的利益；在个人与企业之间，共赢意味者个人的付出获得应有的回报，企业的资源提供获得长久的发展。懂得共赢的人，才能在一个环境中快速立足，稳定发展。

案例：女明星能获得多少报酬

在 20 世纪 40 年代，美国的一个女明星和制片厂签了一个拍摄电影的合同。影视公司约定给女明星的片酬是一百万美元，这在当时非常非常高。这部电影虽然在美国上映大获全胜，但制片厂无法马上支付给这个女明星一百万美元的现金片酬。这个女明星几经交涉，仍然无法拿到钱，最后决定付诸法律。

制片厂有一个谈判的高手，他把双方都

给说服了。他找到女明星，对女明星讲，第一，你跟制片方打官司，你肯定能赢。但是现在的制片厂有资产，没有现金，没有办法立马交给你一百万美元，这是肯定的。但是你赢了之后，也很难拿到现金。第二，即便你赢了，你拿到现金又有什么好处？因为，美国的个人所得税非常高。一次性付给你一百万的话，按照当时的税率，你大概连一半都拿不到。第三，作为女演员来讲，是吃青春饭的，很难保证你年年能有这一百万的片酬的好影片让你去拍。这个时候，你打官司会影响形象。

于是，这个谈判高手给出了一个建议：让制片厂每年支付给女演员 5 万美元，等于进行了合理避税，同时还能获得利息，这样女演员 20 年都有一个稳定的收入。而制片厂也就逃脱了没有钱一次性支付给女明星的尴尬。

【议一议】

1. 通过女演员打官司的案例，你认为大家为什么要选择双赢的做法？

2. 请在你的生活中找出实例来说明"双赢是长久合作的基础"。

让自己满意，让朋友满意，让同事满意，让老板满意——让大家都满意是需要智慧的，更是需要原则的。而这个原则不是站在个人的立场和小团体的角度，而是站在全局的角度分析问题，处理问题。

案例：分粥的故事

有七个人组成了一个小团体共同生活，其中每个人都是平凡而平等的，没有什么凶险祸害之心，但不免自私自利。他们想用非暴力的方式，通过制定制度来解决每天的吃饭问题：要分食一锅粥，但并没有称量用具和有刻度的容器。这该怎么办呢？经过商量，大家发现有如下方法。

方法一：拟定一个人负责分粥。很快大家就发现，这个人为自己分的粥最多，于是又换了一个人，总是主持分粥的人碗里的粥最多最好。

方法二：大家轮流主持分粥，每人一天。这样等于承认了个人有为自己多分粥的权力，同时给予了每个人为自己多分的机会。虽然看起来平等了，但是每个人在一周中只有一天吃得饱而且有剩余，其余六天都饥饿难挨。

方法三：大家选举一个信得过的人主持分粥。开始这品德尚属上乘的人还能基本公平，但不久他就开始为自己和溜须拍马的人多分。

方法四：选举一个分粥委员会和一个监督委员会，形成监督和制约。公平

基本上做到了，可是由于监督委员会常提出多种议案，分粥委员会又据理力争，等分粥完毕时，粥早就凉了。

方法五：每个人轮流值日分粥，但是分粥的那个人要最后一个领粥。令人惊奇的是，在这个制度下，七只碗里的粥每次都是一样多，就像科学仪器量过一样。每个主持分粥的人都认识到，如果七只碗里的粥不相同，他确定无疑将享有那份最少的。

无疑只有方法五是让大家都满意的方案。

【议一议】

1. 让大家都满意需要注意哪些事项？

2. 在我们的班里，是否有让大家都满意的做法和事例？请举例说明。

如果让你来分粥，你认为可以依靠的最大资源是什么？分粥者最大的资源并不是粥本身，那是表面的资源，也是最靠不住的资源，弄不好就会立即产生矛盾。分粥者最大的资源是设计制度，不同的制度下自然有不同的结果，分粥者就是要设计出那个最优的结果。只有兼顾大家的利益，才能让大家都满意。双赢的思维可以让人拓展视野，共享更多的资源，获得生存与发展。在人与人之间、企业与企业之间、国家与国家之间，双赢或者多赢共赢都是合作和发展的基础。

📖 不做"闭眼者"，要做"睁眼者"

处处留心皆学问。一个善于学习的人能从平凡的生活中获得生存和发展的启发。做生活的有心人，就要做睁眼者，不做闭眼者。

有一次上山，鲁班被小草划伤。鲁班十分好奇，觉得一根小草为何会如此锋利？他仔细地观察，发现小草的边缘有许多锋利的小齿。他想，如果把砍树的工具做成锯齿状，不是也会很锋利吗……鲁班就这样发明了锯，千百年来，木工一直就是运用的这种工具。

著名画家齐白石也是一个善于观察的人。有一天傍晚，他坐在水塘边洗脚，突然觉得一阵钻心的疼痛。他急忙从水里抽回脚一看，原来是一只大草虾把他的脚趾钳出了血。这件事引起了齐白石对草虾的极大兴趣，往后的日子，他花了大量的时间和精力，对草虾认真地观察，并用画笔画在纸上。齐白石画的虾，能够闻名于世，据说原因就在于此。

你是否关心你的父母呢？比如说了解他们的生日，了解他们的工作，了解他们的想法，了解他们的爱好和精神需求。不必去问，他们平日的言行都在给你提示，只要你有心，你就会感受到，然后送出你的关怀。

在学校，你与宿舍中的同学共同生活了两年。你真的了解他们吗？他们的生日，他们的生活习惯，他们最喜欢吃的零食是什么？他们最喜欢做的事是什么？什么事最让他们开心？什么事又会让他们愤怒？这些都是日常交往中留心就可以获得的。

将来你进入企业，你会接触到一些客户，那么你服务的人群中，平均年龄是多少？男士多还是女士多？他们共同的习惯有哪些？他们喜欢你卖的产品的哪些特点？他们又希望你的产品做哪些改善？有了处处留心的好习惯，你也能成为一个真正理解客户的好员工。而这些是由你的关注度大小所决定的。

《功夫梦》是成龙与威尔·史密斯的儿子贾登·史密斯合作的一部影片。故事讲述的是，由贾登·史密斯饰演的美国小孩德瑞·帕克到中国北京定居，无意之中得罪了一些街上在武术学校练武的大个同学，这些人集体欺负小德瑞时，被楼房维修工韩师傅（成龙饰演）救下来。韩师傅和武校的教练（于荣光饰演）约定，各自教自己的学生，几个月之后的武术比赛中见分晓。于是，韩师傅收德瑞为徒弟，开始以自己的方式训练他。当然，最终德瑞获得了胜利。

韩师傅训练的方式很特别，不是让德瑞练习踢腿、出拳、马步等基本功，而是让他练习穿衣服、脱衣服、挂衣服、扔在地上然后再捡起来等动作。德瑞觉得很没有意思，但他还是耐着性子练习。他练了1000遍之后，终于想放弃了。韩师傅就和他过招，德瑞突然发现自己的身上有了功夫。进而很好奇，明白了师傅叫自己练习这些动作的用意了。这个时候，韩师傅说了一段耐人寻味的话：功夫在我们做的很多事情里都能找到，包括如何穿外套，怎么脱掉外套，也存在于我们待人接物的态度之中。只要留心，一切都是功夫。

企业的招聘启事经常会有一条：有经验者优先。刚从学校毕业的人都会对这条规定特别不服气，心里很不爽。但是当自己真正步入职场之后，你就会发现，工作经验对你来说意味着什么。我们刚进入职场的时候，一定不会有工作的经验，但我们会在每天的生活中找到类似的做事经验。

其实，从生活到学习，从日常事情到一些新鲜事，从校园环境到职场体验，很多经验和感受都是相通的，这些都是我们的财富。要获得这些经验的方式也很简单，成为"睁眼者"，扩展自己的圈子，这样才能给自己未来的发展做长久的有益的积累。

【拓展活动】

看看我们的校园

【活动主题】

学校举行一个开放日，让有意向报考学校的同学和家长到学校参观。学校此举办了一个"我眼中的校园"海报展览。

【活动目的】

1. 利用海报反应我们丰富多彩的职校生活，向新同学和家长展示。

2. 考察我们观察体验生活的能力。

【活动准备】

每个组一张大白纸，一盒彩色笔。

【活动时间】

30 分钟。

【活动步骤和要求】

要求海报中反应学校的元素多，或者角度独特。

1. 每个组给 10 分钟设计及绘制海报。

2. 各组分享海报设计构思和创作的亮点。

【评价分享】

1. 在分享中哪些内容是我们见过但没有太在意的部分？

2. 在校园生活中拓展关注的视野，你有什么具体想法和计划？

【延伸阅读】

一只胳膊的柔道冠军

在日本，有一个从小就立志要成为柔道高手的男孩。尽管他在 10 岁的时候因为一场车祸而失去了左臂，但他却从未想到过放弃。终于，这个男孩拜在了一位著名的柔道大师门下。

师傅在几年的时间里只教会了男孩一招，而且还每天督促他要刻苦学习，并说：只要练好了这一招，就足可以使你达到自己的目的。男孩虽然怀疑，却仍继续反复练习。

直到有一天，男孩报名参加了正规比赛，并一路杀进了决赛，而他所依靠的，也就只有同样的一招而已，最终他不可思议地登上了冠军的领奖台。

等到一切都结束后，男孩向师傅提出了自己的问题：为什么只练好了这一招就能够取得冠军？师傅揭示了其中的秘密，原来男孩掌握的是柔道技巧中最难学的一招，更重要的是，要想克制这一招，唯一的办法就是对手必须抓住他的左臂。于是，男孩的缺陷反而变成了制服对手求得胜利的最有力的武器。

独臂男孩的成功印证了这样两句话："简单的招式练到极致就是绝招"；"学不贵博，贵于正而已"。你关注什么就得到什么！

综 合 测 试

一、测一测

1. 对我们身边的资源争取的理解有（　　　）。

A．我没有机会，因为我是社会中的草根

B．我不是富二代、官二代，我就没有前途

C．自己在社会中的位置是自己为社会的贡献决定的

D．世界不缺少美，只缺少发现美的眼睛；职场中也不缺少机会，缺少睁眼者

E．只要你选对了事，所有的人都会全力以赴支持你

F．如果你知道去哪，全世界都会为你让路

2．拓展自己的事业圈子，需要采取的做法是（　　　）。

A．拓展自己的关注度，找到职场中职业发展的支持因素

B．自己做事也要考虑到对自己合作者的影响，争取双赢

C．一个人对周围的人发自内心的尊重和关心

D．处处留心皆学问，处处留心皆机会

E．要拓展自己的圈子，老师、家长、同学和企业都应该多照顾我

二、练一练

准备一个小本专门用作朋友的通讯录。这些人又是怎么分类的？如家人、老师、现在的同学、过去的同学、与你有相同爱好的人、网友等。计算一下目前与你联系过的人有多少位？看看每周与你打三次以上电话的有多少人？

第十二课

抱起团来干事情

【案例导入】

某公司高薪从人才市场招了一位网络管理员小乔。半年多来，小乔在工作中表现突出，技术能力得到了大家的认可，每次均能够保证质量地完成项目任务。在别人手中的难点问题，只要到了小乔那里都能迎刃而解。公司对小乔的专业能力非常满意，有意提升他为项目主管。

然而，在考察中公司发现，小乔除了完成自己的项目任务外，从不关心其他事情；且对自己的技术保密，很少为别人答疑；对分配的任务有时也是挑三拣四的，若临时额外追加工作，便表露出非常不乐意的态度。另外，他从来都是以各种借口拒不参加公司举办的各种集体活动。主管和各级领导的职责不仅要在技术方面有带头作用，更主要的是能带领其他同事一同进步。如此不具备团队精神的员工，显然不适宜当主管。

【议一议】

1. 小乔如果要做主管，需要在哪些方面做出改善？

2. 在班里有些同学能力很强，班主任老师想让他们做班级工作，他们也有类似小乔的情况。如果你是班委，你会如何帮助这样的同学呢？

> 一朵鲜花打扮不出美丽的春天，一个人先进总是单枪匹马，众人先进才能移山填海。
>
> ——雷锋

活 动 体 验

齐眉棍

【活动目的】

在团队中如果遇到困难或出现了问题，很多人马上会找到别人的不足，却很少发现自己的问题。队员间的抱怨、指责、不理解对于团队的危害……

这个项目将告诉大家：照顾好自己就是对团队最大的贡献。提高队员在工作中相互配合、相互协作的能力。统一的指挥+所有队员共同努力对于团队成功起着至关重要的作用。

【活动时间】

30分钟。

【活动道具】

3米长的轻棍。

【活动步骤】

两队相向站立，所有学员手指上的"同心杆"按照老师要求升高到与眉毛等高或放到地上，手离开棍子即失败。这是一个考察团队是否同心协力的体验，完成一个看似简单但却最容易出现失误的项目。

【体验分享】

以小组为单位，小组成员围绕以下问题，分享各自的活动体验。

1. 我们在这个活动中感受到了什么？为什么成功？为什么失败？

2. 团队有目标吗？是什么？你自己的目标有吗？是什么？

3. 你认为影响大家发挥的主要因素有哪些？我们需要提高哪些方面？

探 究 明 理

📖 在团队中谋发展

21世纪的舞台上少了战场上的硝烟，多了商场上的竞争，这是一个追求个人价值实现与团队绩效双赢的时代。比尔·盖茨曾说："大成功依靠团队，而个人只能取得小成功"。团队能够完成个人所不能完成的任务。

　　联想公司提出的口号赫然是"打造虎狼之师"，它塑造的员工是既要像兽中之王老虎那样拥有"以一当十"的王者风范、英雄气概、雄厚实力，又要有像群狼那样分工合作，精诚团结的"以十当一"精神，每个人知道自己在团队中的位置和作用，把个人目标与团队共同目标合二为一。而这正是联想公司能够做大做强的原因之一。

　　在非洲的草原上如果见到羚羊在奔逃，那一定是狮子来了；如果见到狮子在躲避，那就是象群发怒了；如果见到成百上千的狮子和大象集体逃命的壮观景象，那是什么来了——蚂蚁军团！蚂蚁是何等的渺小微弱，任何人都可以随意处置它，但它的团队就连兽中之王也要退避三舍。

　　个体弱小没有关系，与伙伴精诚协作就能变成巨人。蚂蚁只是小小的低级动物，其团队尚且如此威猛无敌，作为万物之灵的人呢？如两千多年前管子说过："一人拼命，百夫难挡，万人必死，横行天下！"

　　就像一个职场新人，在我们初入职场的这一刻，力量都是很渺小的，如果想在职场上站稳脚跟，谋得发展，什么时候都要谨记团队的重要性，及从团队中去找资源和支持。

　　两千多年前的楚汉相争，项羽勇猛无比，力大能拔山，然而最终得天下的不是项羽，而是刘邦。因为刘邦网罗了很多人才，有三杰的韩信、张良和萧何，有宰狗的樊哙，赶车的夏侯婴，帮人做丧事的周勃，还有陈平、英布等，组成了一个人才济济的智囊团。

　　但是项羽生性多疑，不能够任人唯贤，连一个范增都留不了，最后落得一个兵败身亡的下场。刘邦的胜利是团队的胜利。刘邦建立了一个人才各得其所、才能适得其用的团队；而项羽则仅靠匹夫之勇，没有建立起一个人才得其所用的团队，失败是情理之中的事。所以刘邦的胜利是一个团队对一个单人的胜利。

　　刘邦就是一个很懂团队协作，很会从团队组织中去寻找资源和支持的领袖，所以他才能打败比自己强不知道多少倍的项羽。

　　今天，个人英雄主义的年代一去不复返，现代社会更需要合作，合作是生存之道。你是独立的个体，你有独立的人格，独立的品性，独立的人生旅程，但你不可能独立地生活，更不可能独立地成就人生梦想。

案例：天堂与地狱

　　上帝领着一个人到地狱，这个人发现地狱的人都瘦骨嶙峋，他们都用一个特制的勺子喝粥，勺子的把很长，勺子的头很小，盛出的粥都撒在地上，一点儿也喝不上，最后桶里没粥了，大家互相抱怨，互相憎恨。上帝告诉这个人，这就是地狱。

上帝又把这个人领到天堂，他发现天堂的人一个个都长的胖乎乎的，笑逐颜开，他们用的是同样的勺子，吃的是同样的粥，但是他们把粥盛出来喂别人，你喂我，我喂你，结果大家都吃到粥了，互相感恩。

【议一议】

为什么会有天堂与地狱的分别？

相同的资源却有两种截然不同的结果，这表明合作的背后意味着双赢或多赢。能够把一个人的"单赢"变成双赢或多赢，只有通过合作才能实现。

📖 团队合作关键在心合

● 人多不一定力量大

有人说团队合作，就是召集一群人，一起做事，因为人多力量大。其实不是这样的，有时候人多不一定力量大。

案例：拉绳实验

德国科学家瑞格尔曼做了一个拉绳实验：参与测试者被分成四组，每组人数分别为一人、二人、三人和八人。

瑞格尔曼要求各组用尽全力拉绳，同时用灵敏的测力器分别测量拉力。测量的结果有些出乎人们的意料：二人组的拉力只为单独拉绳时二人拉力总和的95%；三人组的拉力只是单独拉绳时三人拉力总和的85%；而八人组的拉力则降到单独拉绳时八人拉力总和的49%。可见：在群体组织中，并不必然得出 $1+1>2$ 的结果，而是 $1+1<2$。

【议一议】

我们经常听到这句话："人多力量大"。可这个实验说明了什么？

一个人敷衍了事，两个人互相推诿，三个人则永无成事之日。多少有点类似于"三个和尚"的故事。人与人的合作不是人力的简单相加，而是复杂和微妙的。一个人一分钟可挖一个洞，六十个人一秒种却挖不了一个洞。这种团队协作中出现内耗的现象被称为邦尼人力定律。

我们的社会太强调英雄，总在强调"以一当十"。"以一当十"并不难，难的是"以十当一"。"以一当十"只要最大程度地发挥一个人的潜力就行了；"以十当一"则不同，它需要最大程度地发挥十个人的潜力，而且要使这些潜力朝着一个方向使劲。因此，团队的成员除了具备优秀的专业知识以外，还要有优秀的团队合作能力，这种合作能力，有时甚至比成员的专业知识更加重要。

缺乏"团队精神"的群体不过是乌合之众，而一个有高度竞争力、战斗力的团队，必须有"团队精神"。一个人没有团队精神将难成大事，一家企业如果没有团队精神将成为一盘散沙，一个民族如果没有团队精神也将难以强大。团队精神的关键在于心合。

案例：最豪华阵容的的失败

2004 年 6 月，拥有 NBA 历史上最豪华阵容的湖人队在总决赛中的对手是 14 年来第一次闯入总决赛的东部球队活塞。赛前，很少有人会相信活塞队能够坚持到第七场。

从球队的人员结构来看，科比、奥尼尔、马龙、佩顿，湖人队是一个由巨星组成的"超级团队"，每一个位置上的成员几乎都是全联盟最优秀的，再加上由传奇教练迈克尔·杰克逊对其的整合，在许多人眼中，这是 20 年来 NBA 历史上最强大的一支球队，要在总决赛中将其战胜只存在理论上的可能性，更何况对手是一支缺乏大牌明星的平民球队。

然而，最终的结果却出乎所有人的意料，湖人队几乎没有做多少抵抗便以 1：4 败下阵来。

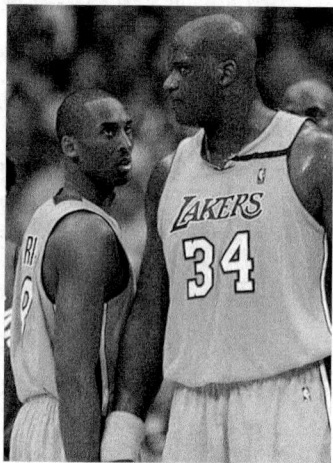

【议一议】

为什么最豪华阵容的湖人队会失败？

湖人队的失败有其理由：团队成员相互争风吃醋，都觉得自己才是球队的领袖，在比赛中单打独斗，全然没有配合；而马龙和佩顿只是冲总冠军戒指而来的，根本就无法融入整个团队，也无法完全发挥其作用。缺乏凝聚力的团队如同一盘散沙，其战斗力自然也就会大打折扣。

● **信任是合作的基础**

成功的团队都有这样一个共识：团队合作至关重要，而信任又是合作的基础和前提。

在动物世界，即使凶残的鳄鱼也有合作伙伴。古希腊历史学家希罗多德在奥博斯城的鳄鱼神庙发现大理石水池中的鳄鱼在饱食后常张着大嘴，任凭一种灰色的小鸟在那里啄食剔牙。

所有的鸟兽都避开凶残的鳄鱼，只有这种小鸟却能同鳄鱼友好相处。鳄鱼从不伤害这种小鸟，因为它需要小鸟的帮助，它需要小鸟飞

到它的嘴里去吃水蛭、碎肉等腐烂的残留物，这使它感到很舒服。

这种灰色的小鸟叫"燕千鸟"，又称"牙签鸟"，它们既是鳄鱼的牙科大夫和口腔保健医生，又是鳄鱼的忠诚卫士，只要一有动静，它们就会一哄而散，使正在打瞌睡的鳄鱼猛醒过来，做好应变的准备。

简单地说，凝成团队的行动就是合作，团队精神的核心实际上就是合作的精神。合作精神的具体体现是：待人真诚，互敬互重，礼貌谦逊；克服本位主义，从大局出发，做好内外部客户的服务；当同事需要帮助时，一定要帮助，如同事的工作需要你接替，则愿意付出。

可以说，合作关系到每个人的生存之道，有着至关重要的作用，而这种合作需要内心的合，需要先从我们自身做起。

有位盲人在夜晚走路时，手里总是提着一个明亮的灯笼，别人看了很好奇，就问他："你自己看不见，为什么还要提灯笼？"

那盲人满心欢喜地说："这个道理很简单，我提灯笼并不是为自己照路，而是让别人容易看到我，不会误撞到我，这样就可保护自己的安全，也等于帮助自己。"

照亮别人是为了照亮自己。工作中每个人应该明白对别人最好的时候，就是对自己最好的时候。企业不是某一个人或几个人就能做好的，需要所有人员的精诚合作才能实现成功。合作是一种能力，更是一种艺术。唯有善于与人合作，才能获得更大的力量。"有很强的沟通能力，并善于与他人合作"，已经成为企业在招募员工时对其素质的重要衡量指标。

人类正是因为学会了合作，所以才形成分工，假使每个人都不愿意合作，也不愿意继承过去人类的成果，而只想凭一己之力在地球上谋生，那么人类的生命必然没有再延续下去的可能。没有合作精神和不具备合作能力的人寸步难行。个人不合作，对别人也不感兴趣，而且还不想对团队有所贡献，这样的人生活必然是一片荒芜的，也注定不能获得任何一方面的成功。

因此，任何妨碍合作的现象都将对自身导致严重的不良后果。当我们明白生命间的联系，也就明了合作精神的重要性。本着合作精神融入团队，在相互尊重彼此需要的前提下，就能解决个人所面临的问题，就能解决团队中出现的问题。

● **从人合到心也合**

要做到团队成员相互信任、内心真正的合，需要做到以下几点。

第一，了解团队成员性格品质。

团队强调的是协同工作，所以团队的工作气氛很重要，它直接影响团队的合作能力。没有完美的个人，只有无敌的团队，团队中的个人能力取长补短，相互协作，即能造就出一个好的团队。

在一个团队中，每个成员都有自己的优点和缺点。作为团队的一员应该主动去寻找团队成员的优点和积极品质，学习它，并克服自己的缺点和消极品质，让其在团队合作中被弱化甚至被消灭。如果团队的每位成员都主动去寻找其他成员的积极品质，那么团队的协作就会变得很顺畅，工作效率就会提高。

第二，包容团队成员。

团队工作需要成员在一起不断地讨论，如果一个人固执己见，无法听取他人的意见，或无法和他人达成一致，团队的工作就无法进行下去。团队的效率在于配合的默契，如果达不成这种默契，团队合作就不可能成功。

为此，对待团队中其他成员一定要抱着宽容的心态，讨论问题的时候对事不对人，即使他人犯了错误，也要本着共同进步的目的去帮对方改正，而不是一味斥责。同时也要经常检查自己的缺点，如果意识到了自己的缺点，不妨将它坦诚地讲出来，承认它，让大家共同帮助改进，这是最有效的方法。

第三，获得支持与认可。

要使自己的工作得到大家的支持和认可，必须让大家喜欢你。但如何让别人来喜欢你呢？除了在工作中互相支援、互相鼓励外，还应该尽量和大家一起去参加各种活动，或者礼貌地关心一下大家的生活。要使大家觉得，你不仅是他们的好同事，还是他们的好朋友，那还会有谁不喜欢与自己的朋友合作吗？

第四，保持谦虚精神。

任何人都不喜欢骄傲自大的人，这种人在团队合作中也不会被大家认可。可能你在某个方面比其他人强，但你更应该将自己的注意力放在他人的强项上，只有这样，才能看到自己的肤浅和无知。与团队成员相处，应该保持足够的谦虚。

第五，资源共享。

团队作为一个整体，需要的是整体的综合能力。不管一个人的能力有多强，若没有充分融入到团队中，到了一定阶段必定会给整个团队带来致命打击。资源共享作为团队工作中不可或缺的一部分，可以很好的评估团队的凝聚力和团队的协作能力，也是一个团队能力的客观体现。提高团队的资源共享度是团队健康发展，稳定发展的

基础。

📖 在校园中就培养团队精神

一个成功的职业人、企业人，是一个有着很强团队合作意识和能力的人。而要想具备这些能力和意识，不是一蹴而就的，它需要长时间才能养成；更不是等到进入职场才去修炼，如此就太迟了。

案例：职校成长记

小常上职校前是一个很普通的学生，从来没有当过"官"。在职校，他得到了班主任的青睐，让他担任班长。最初，他非常忐忑，非常不自信，毕竟从来没有"管"过这么多人。期间也曾多次辞职，表示自己无法胜任。然而，他还是坚持下来了，而且在班级竞聘中获得高票。还进入校学生会，担任更高职位的"干部"。

高考后，小常考入了东莞理工学院。在大学，有过三年班长和学生会工作经验的他更是如鱼得水，表现非常出色。大学毕业后，小常顺利进入了东莞某消防部门，工作表现非常好，深受同事好评、领导器重，两年后，因为他的团队意识很强，同时也很有管理能力，就被公派学习及提干。

回顾这一路走来，小常感叹，当年的班长经历增加了他的自信，原来自己也能胜任管理工作。然而，若不是班主任和同学的支持，他是无法得到这些的。这说明一个人的成长是需要借助平台和团队的。

【议一议】

小常在校园做到了哪些重要的事情，并且对未来职业奠定了怎样的基础？

【拓展训练】

七巧板游戏

【活动目的】

通过团队完成一系列复杂的任务，体验沟通，团队合作，信息共享，资源配置，创新观念，高效思维，领导风格，科学决策等管理主题，系统整合团队。

【活动物料】

准备七套七巧板。

【活动时间】

30分钟。

【活动步骤和要求】

1. 学员分组：把团队成员分为七个组（可以进行1～7报数来确定），每组至少三个人。

尽量将比较基层的学员放到第七组。

2. 学员位置安排：每组四把椅子（椅子数量比每组学员人数多一个，便于摆放七巧板），每组之间距离 1.5 米（使相邻组之间的学员伸手能够得着，第七组与其他六组至少有一个人够得着），实际上七个组为一个正六边形的六个顶点和一个中心点。

3. 七巧板游戏说明

七巧板：五种颜色的七巧板，共 7×5=35 块。给每组五块七巧板。

任务书：任务书每组各一张，共七张，按照小组顺序号发放，即第一组发第一组任务书，依次类推。

图形纸：图样共七张，每个小组一张。

在白板上画好计分表，便于培训师为每组学员记分。

【延伸阅读】

西游记之取经团队大解读

一、领导人：唐僧

俗姓陈，小名江流儿，法号玄奘，号三藏，被唐太宗赐姓为唐。为遗腹子，自幼在寺庙中出家、长大。勤敏好学，悟性极高，在众僧人中脱颖而出。最终被唐太宗选定，并结拜成兄弟。

他是一个心慈面善吃斋念佛的僧人，没有那些徒弟所拥有的降妖伏魔本领，是个地道的领导者。他虽然经历诸多磨难却总能化险为夷，一则唐僧是金禅子转世，有佛祖如来和观世音菩萨的庇佑；二则唐僧能够领导好他的三个高徒，能使各种手段让他们臣服于自己。

个性：懦弱，善良仁慈，不辨是非，理想主义，手无缚鸡之力。

二、绝对骨干：悟空

从奇石中迸裂而出。刚出生不久就带领群猴进入水帘洞，后成为众猴之王。为了有更大的发展，拜菩提祖师为师学艺，法号悟空。当过弼马温，单干过齐天大圣（后来天庭也被迫承认该封号）。大闹天宫后，被如来佛祖收服并压于五指山下，后跟随唐僧取经。观世音菩萨赐其三根救命的头发，使用威力无比的金箍棒，会七十二变、筋斗云、火眼金睛、定身术、五行遁术。

个性：好名，勇敢，好斗，风趣，活泼，乐观，诚信，正直。

三、成员：八戒

原是天庭玉皇大帝手下的天蓬元帅，主管天河，因醉酒戏嫦娥，被玉帝逐出天界，到人间投胎，却错投猪胎。会三十六变，能腾云驾雾，使九齿钉耙。

个性：憨厚单纯，嘴甜，好吃懒做，喜好小便宜，贪图女色，难分敌我，好进谗言。

四、成员：沙僧

原为天宫中的卷帘大将，因在蟠桃会上打碎了琉璃盏，惹怒王母娘娘，被贬入人间，在流沙河畔当妖怪，后跟随唐僧西天取经，负责挑担。使用月牙铲。

个性：淳朴憨厚，忠心耿耿，正直无私，任劳任怨，尊规守纪。

五、成员：白龙马

原是西海龙王敖顺的三太子，因其纵火烧了殿上玉帝赐的明珠，触犯天条，犯下死罪，经观世音菩萨出面，才幸免于难，后随唐僧西天取经。本领不强。

个性：任劳任怨。

六、优秀团队所具备的要素

第一要素：团队成员有共同的目标，即团队成员有一致的目的，大家认同组织的目标，并且建立强烈的使命感，同时能将长远的目标转化分解为短期的业绩目标。该团队目标很明确，由唐僧发起，上层人士支持，去西天把真经取回来。

第二要素：团队成员之间要有互补的技能，即团队成员中的每一种技能，都是为完成团队的目标所必需的能互济余缺，它可分为技术性或职能性的专家意见、解决问题的技能和决策技能、人际关系的技能等。

在个人素质方面，孙悟空虽然逃不出如来佛祖的手掌心，但他的功夫水平在一般情况下是一流的，八戒、沙和尚的本领也不是很差，体现出这个团队能战斗，并且大多情况下是战而必胜。管理，唐僧没必要进行研究，因为这个团队是因他而组成的，没有他，也就没有这几个挂名徒弟的出头之日，如果有谁不想干了，另有上层人士会"照顾"他们，所以他采取的是无为而治的方式。

第三要素：团队成员要能相互承担责任，即团队成员对自己和他人做出严肃承诺，包括责任和信任。

该团队中有需要被密切保护的领导唐僧；有本领高超、社会关系复杂但又很诚信的悟空；有说话幽默、办事诙谐、比较市侩、爱自作聪明但又有一定能力的八戒；有水平

虽然不高，但具有任劳任怨、不记个人得失的品格的沙僧和白龙马。可以说，这个团队的结构合理，没形成利害冲突，因此，团队间关系处理得比较融洽。

第四要素：相互信任。信任是合作的基础和前提，互信能够提高团队合作的能力和质量。

第五要素：团队要有共同的工作方法，其核心在于如何能把个人技能与提高团队业绩联系起来，拧成一股劲，推动问题解决，包括通过互相合作达成彼此的了解和包容。

该团队的工作方法是：有事讨论+紧箍咒，保证了做事的效率；在各地也会遇到一些妖怪：小怪，比较容易就对付过去了，对于有背景、有后台的，利用各种社会关系也将问题化解了。

所以说，唐僧团队取经的成功，实质在于团队的目标明确，技能互补，相互承担，相互信任，有共同的工作方法。

综 合 测 试

一、测一测

1. 合作精神的具体体现是：（　　　）。

   A. 待人真诚，互敬互重、礼貌谦逊

   B. 克服本位主义，从大局出发，做好内外部客户的服务

   C. 当同事需要帮助时，一定要帮忙

   D. 如同事的工作需要你接替，愿意付出

2. 团队成员相互的信任、内心真正的合，需要做到：（　　　）。

   A. 了解团队成员性格品质

   B. 包容团队成员

   C. 获得支持与认可

   D. 保持谦虚精神

   E. 资源共享

二、练一练

1. 想一想在你身边是否有各种不同能力的成员？这些成员如何合作才能实现他们共同的目标？

2. 组织一次团队活动（班级活动、班际竞赛），并做好记录。

附：团队活动安排表

活动名称		活动时间	
活动负责人			
活动人员			
活动内容 及流程			
活动准备			
活动效果			
其他要求			

第十三课

让自己变得更职业

【案例导入】

张峰是一家著名中医学院的毕业生，被招聘到一家中医院工作。众所周知，中医治病基本靠的是经验，现在很多中医学院的教授、专家都研究中医理论，但不会拣药、看病。张峰也不例外，他本来想继续理论研究，无奈僧多粥少，他只好"屈就"到一家医院。

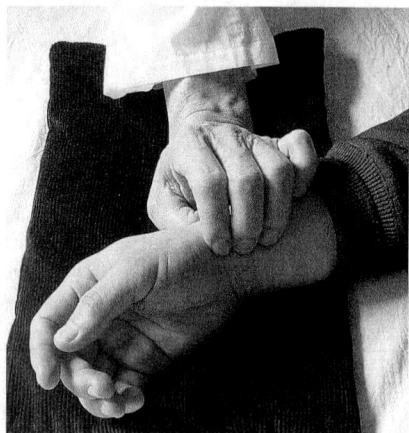

由于医院主要缺乏的是一线的大夫、药剂师等人才，所以医院决定让张峰到门诊部实习。而张峰认为这简直是人才浪费，他想即使做不了理论权威，至少还可以做做领导什么的，可惜不用说能力、关系等要素，仅仅资历一项，就让他的理想遥遥无期。他非常后悔当初选择了这样一个专业，极不情愿地去了。张峰干了几天就索然无味，那些古怪的老头、古怪的中药味道、形形色色的病人和怪病都让他非常不舒服。他整天怨天尤人，抱怨不休。几个月过去了，他没有一点成就感。

一天，张峰的妈妈病了，被邻居送到了自己的医院。张峰无奈之下，向自己平时很不喜欢的不苟言笑的老大夫求助。那老中医开始"望、闻、问、切"，举手投足都带着一股专业劲头，问的话看似平常聊天，但都是问在病因上。抓的药又便宜又有效。

张峰大为感动，也颇觉得惭愧。在送妈妈回家的路上，他暗自下决心，一定好好干，让自己变得更专业。

【议一议】

1. 在一家企业存活下来的基础是什么？

2. 怎样才能让自己胜任岗位的要求？

合抱之木，生于毫末；九层之台，起于累土；千里之行，始于足下。

——老子

活 动 体 验

九段秘书大解密

【活动目的】

体验在职场中不同的工作状态。

找到自己在职场上应该努力达到的状态与感觉。

【活动时间】

25 分钟。

【活动道具】

大白纸和马克笔。

【活动步骤】

1. 任务：总经理要求秘书安排次日上午九点开一个会议。如果你是秘书，你会怎么做？

2. 小组内部讨论方案。

3. 小组呈现点评。

4. 修改方案，呈现方案。

【体验分享】

以小组为单位，小组成员围绕以下问题，分享各自的活动体验。

1. 秘书的这个任务，要做到什么层次才让经理满意呢？

2. 我为什么做不到？我刚才用什么样的心态来做这个事？

3. 我需要提高哪些方面？在活动中还有哪些感受？

附：一至九段秘书的不同做法

一段秘书的做法：发通知 —— 用电子邮件或在黑板上发个

会议通知，然后准备相关会议用品，并参加会议。

二段秘书的做法：抓落实——发通知后，再打一遍电话与参会的人确认，确保每个人被及时通知到。

三段秘书的做法：重检查——发通知，落实到人后，第二天在会前30分钟提醒与会者参会，确定有没有变动，对临时有急事不能参加会议的人，立即汇报给总经理，保证总经理在会前知悉缺席情况，也给总经理确定缺席的人是否必须参加会议留下时间。

四段秘书的做法：勤准备——发通知，落实到人，会前通知后，去测试可能用到的投影仪、计算机等工具是否工作正常，并在会议室门上贴上小条：此会议室明天几点到几点有会议。

五段秘书的做法：细准备——发通知，落实到人，会前通知，也测试了设备，还先了解这个会议的性质是什么，总裁的议题是什么，然后给与会者发过去与这个议题相关的资料，供他们参考，提高会议效率。

六段秘书的做法：做记录——发通知，落实到人，会前通知，测试了设备，也提供了相关会议资料，还在会议过程中详细做好会议记录（在得到允许的情况下，做个录音备份）。

七段秘书的做法：发记录——除了之前的准备，会后整理好会议记录（录音）给总经理。然后请示总经理是否发给参加会议的人员，或者其他人员。

八段秘书的做法：定责任——将会议上确定的各项任务，一对一地落实到相关责任人，然后经当事人确认后，形成书面备忘录，交给总经理与当事人一人一份，并定期跟踪各项任务的完成情况，及时汇报给总经理。

九段秘书的做法：做流程——把上述过程做成标准的"会议"流程，让任何一个秘书都可以根据这个流程，把会议服务的结果做到九段，形成不依赖于任何人的会议服务体系。

探 究 明 理

📖 胜任本职工作才能获得发展

每个新人，进入职场的第一天，都梦想着干一番大事业，有一番作为。但他常常忽略了手上正在做的工作，甚至有一些看不起的意思。孰不知，做好、做实、做漂亮手上正在做的工作，才是获得更大发展的基础。

出身名门的野田圣子，37岁就当上了日本内阁邮政大臣。她的第一份工作是在帝国酒店当白领丽人。不过，在受训期间，圣子竟然被安排去清洁厕所，每天都要把马桶抹得光洁如新才算合格。可想而知，在这段日子里，圣子的感觉是多么的糟糕。当她第一天碰到马桶的一刹那，她几乎想吐。

　　很快地，圣子就开始讨厌起了这份工作，干起工作来马马虎虎。但有一天，一位与圣子一起工作的前辈，在抹完马桶后，居然伸手盛了满满的一大杯冲厕水，然后当着她的面一饮而尽，在前辈的眼中，圣子的工作根本没有做到位，光洁如新只是工作的最低标准，她以此向圣子证明，经她清洁过的马桶，干净得连里面的水都可以用来饮用。

　　前辈这一出人意料的举动，使圣子大吃一惊。她发现自己在工作态度方面出了问题，根本没有负起任何责任，于是，她对自己说："就算这一辈子都在洗厕所，也要当个最出色的洗厕人。"训练结束的那一天，圣子在抹完马桶后，毅然盛了满满的一大杯冲厕水，并喝了下去。这次经历，让野田圣子知道了什么是工作的最高准则，而在很多人眼中的合格、到位，只能算得上工作的最低要求。

　　企业欣赏能做好自己工作的人。能够做好自己的工作，是成功的第一要素。各行各业，人类活动的每一个领域，无不在呼唤能自主做好手中工作的员工。齐格勒说："如果你能够尽到自己的本分，尽力完成自己应该做的事情，那么总有一天，你能够随心所欲从事自己想要做的事情。"反之，如果你凡事得过且过，从不努力把自己的工作做好，那么你永远无法达到成功的顶峰。对这种类型的人，任何老板都会毫不犹豫地把他排斥在自己的选择之外。

　　所有的职业人，在初步职场的时候，他所做的第一份工作，一定是最为基层、最为平凡，有时也会让人很无聊和单调。

　　我的宿舍同学阿乐刚刚辞职。之前那份工作，实在毫无前途，日复一日的机械重复，看不到希望，看不到未来，再加上老板又讨厌，于是辞掉了，义无反顾。之前他还只是试用，底薪才 2000 元，转正之后是 2600 元。他算是做广告的，可这并不是他喜欢的工作。今晚 417 宿舍聚会，阿乐喝了许多酒，他红着脸对我们说："我真的好迷茫，不知道未来在哪里。我现在只知道自己不想做什么，不喜欢做什么，但却不知道未来将要做什么，什么适合我。"

　　在这种单调和无聊的基层工作中，谁能坚持到最后，谁就能获得更多、就能成功，用现在职场很流行的一句话叫"剩者"为王。

案例：不妨认真些

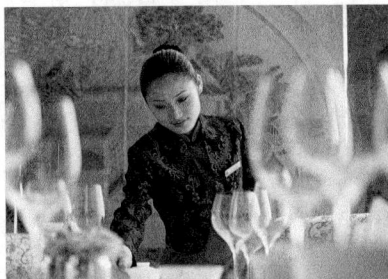

　　小琴是广东省某职校酒店管理专业的毕业生，跟同班十几位同学被分配到北京顺峰餐饮企业实习，为期三个月。两个月后，十几位同学刚来北京时的新鲜和好奇，被日复一日的单调工作渐渐消磨殆尽。大家都商量着三个月实习期结束就回广东找工作，而且有好几个同学的家长已经托关系找好了工作，就等他们回去上班。

小琴这时很为难，她也想回广东，但她家在广东很贫穷的山区农村，家里没什么关系可以帮到她，同时爸爸妈妈好不容易等到她毕业，想着她能赶快有份工作，可以帮帮家里，因为还有个弟弟在读高中。

三个月的实习期到了，同学们都回去了，但小琴还是咬咬牙留了下来。小琴很能吃苦，任劳任怨，得到了领班的认可。两个月后，公司又来了一批实习生，需要有人去带这批人，由于剩下小琴一个熟手，自然就只能她去带人了，她就成了代理组长。

有了这个代理组长的职位后，小琴更认真的工作，不久就成了领班，后来做了主管，工作两年半后，当她回到广东参加同学聚会时，已经是酒店餐饮部的优秀员工了。而她发现，她的同学们还只是一个基层的职员，有的已经换了很多份工作。

【议一议】

"在一个企业认真工作三年"与"在三个企业一共工作了三年"，两者之间的区别是什么？试着理解小琴的成功之处。

📖 持续探索钻研本职岗位

本课的活动体验中，同样是做秘书，同样是准备开会这样一个看似简单的任务，但不同的细致程度和考虑问题的全面性，却决定了人所具有的截然不同的价值，如果将这一价值体现在数字上，就是你值多少钱。

一份工作，看似简单，但如果你愿意探索和钻研，它有无限的改进与提高的空间，这也是一个职业人在一个岗位上能做到与众不同的核心竞争力。

王平，在一家做网络集成商的公司工作（这类公司是先了解客户网络的需要，然后给客户做方案，客户同意后就算销售成功，然后公司会派项目实施团队进行网络方案的实施，这就需要这个公司的销售人员一定要和后台的实施人员配合好工作），进入公司后一直都想成为一名大客户销售人员，三年间的销售成绩硕果累累，于是公司决定让他带领一个团队进行公司销售工作。可没想到的是，公司里没有一名销售人员愿意进入他的团队，就算硬性安排到他团队中的销售人员，这些销售人员也极力向上级领导说明各种原因，不愿意在他的团队工作。

王平原有的自信都没有了，他开始反思为什么这些和他共事三年的同事会这样不喜欢自己，自己在公司里工作很勤奋，与客户交流时永远是有应必答，只是在完成客户要求时，他对自己公司内部的同事要求苛刻一些，希望他们也能快速帮助客户解决问题，但这些也不应该造成什么大碍呀。

于是王平找到总经理深谈了一次，目的是想解决自己的困惑。

总经理问王平：销售人员的职责到底是什么？王平答：赚取利润呀！总经理说：利润

是表面的，也只是个结果，真正的销售人员要懂得的是，学会赚取人心，不仅要赚取客户对你的信任之心，而且也要赚取周围为你服务的同事的心，这些心聚在一起才能做点事情，如果人心都散了，谈何做事，更谈何利润呀！你也想想你这三年在公司的销售工作又是怎样完成的，项目团队对你怨声载道，你只考虑了客户要求，从不想公司的真正实力是否可以承载客户的要求。你也想想其他销售人员为什么不愿意去你的团队，你为了在公司内部抢订单，不惜向客户夸大承诺，而让其他没有那么向客户承诺的销售人员丢了订单，这样看似你将订单拿到了，可你失去的更多，这就是原因所在了。而给你组建销售团队这个机会，就是想让你明白这个道理。

王平听完后，心想这三年来他一直都是这么做的，而且在他心里确实认为满足客户需求，将公司产品卖出去，不惜一切手段为公司带来利润，就是最好的销售人员，而没想到真正的销售不仅仅是攒取利润，而是攒取人心。

了解这些之后，王平调整了自己的策略和做法，不但组建了一个很有战斗力的销售团队，同时还在自己的团队中培养了几名年销售冠军，后来还成为了公司的副总。

王平为什么从成功的销售员变成最失败的团队主管，又能从最失败的团队主管成为公司的副总？其实他成功的重点在于在失意时具有阳光积极的职业心态，能不断地探索，不安于现状，保持持续学习探索的心态；反省自己，做到自我超越。这就是一个职业人在职场上真正的竞争力所在。

当今世界是一个充满竞争的时代，20世纪60年代被列为世界500强的大公司，堪称全球竞争力最强的企业。然而，1970年的500强到20世纪80年代有三分之一销声匿迹，到20世纪末更是所剩无几。

这一方面反映了风起云涌的新科技革命和新经济的产生迅速切换或淘汰传统产业的大趋势，同时也反映出这些大企业不善于与时俱进，跟不上时代的节拍而被时代抛弃的必然。实践证明，企业凡通过自我超越、心智模式、团体学习等提高学习的修炼，都能在原有基础上重焕活力，再铸辉煌。美国的微软、日本的松下是这样，我国山东的莱钢、青岛的海尔也是这样。

其成功奥秘在于：一是能以最快速度、最短时间学到新知识，获得新信息；二是组织的员工不断提高学习能力；三是加强"组织学习"，形成具有特色的组织文化，集思广益，获得最大成效；四是以最快速度、最短时间把学习到的新知识、新信息用于企业变革与创新，最大限度地适应市场和客户的需要。

企业的竞争最终一定是学习力的竞争。因为人才是有时间性的，你只能保证自己今天是人才，却无法保证明天的你依然是一个人才。复旦大学原校长杨福家教授提出，今天的学生从学校毕业刚走出校门的那一天起，他所学的知识已经有50%老化掉了。当今世界，知识老化的速度和世界变化的速度一样越来越快。所以，为了使你在明天依然是一个货真价实的人才，一定要有学习力作为你的后盾。

人才竞争的背后隐藏着学习力的竞争。每一个人才都需要有很强的学习力做支撑。如果你的学习力每况愈下，那你很可能从一个"人才"变成你的企业乃至社会的一个"包袱"。人才其实是一个动态的概念，它不是一成不变的，它需要不断地晋级，不断地发展，只有人才的学习力不断地加强，不断地提高，才能保证人才的新鲜。

小荷中职文秘专业毕业后，就职一家建材公司负责前台接待。同学们都认为这个岗位是个花瓶岗位，吃青春饭，没什么前途。而小荷却不这么看，她每天都要接待无数个来访的客户和接听无数个客户的电话，慢慢的她发现，很多客户的沟通方式和性格不一样，有些好沟通，有些很难沟通。所以她很好奇，她就开始运用在学校沟通课上所学的知识，对客户进行分类分析，并做详细的记录。三个月过去，她把公司绝大部分的客户都分析了一遍，表格填了一大本。

有一天，在做记录时不小心被销售副总看到了，他一下子就发现了这本记录本的价值，他说："这对于我们部门来说，这无疑是一本客户地图，这对我们的帮助是大大的。"

过了几天，这位副总在全公司的大会上把小荷大大地表扬了一番，同时把她的记录本复印，销售员和客服人员人手一本。不久，小荷就成了公司行政办公室的主管。

不论是聪明的企业领导还是聪明的员工，对自己重视的不应仅仅是文凭上的学历，更重要的是是否具有足够强的学习力，以及对自己岗位保持不断的探索。

📖 学校任务就是工作任务

胜任是职业发展的基础，只有胜任了本职工作，我们才能获得更多，而且无论在哪个岗位上，只有保持持续探索的心态，才能让工作更出彩。而这种安心本职工作和保持持续探索的心态，需要我们在校园里就养成。

在校园里，学习任务就是无缝对接职场的工作任务，所以胜任学习任务，就能够在将来胜任工作任务。同时，我们还可以不断地完善做事和学习的方法，养成持续探索和改善的习惯和意识。

班长李竞看到劳动委员王宁很辛苦，在别人做不好的时候，她任劳任怨地自己做。李竞觉得王宁的工作方法不得当，就找她聊天，给她讲了一个故事：

一个人去买鹦鹉，看到一只鹦鹉前标着：此鹦鹉会两门语言，售价二百元。另一只鹦鹉前则标着：此鹦鹉会四门语言，售价四百元。该买哪只呢？两只都毛色光鲜，非常灵活可爱。这个人转啊转，拿不定主意。突然他发现一只鹦鹉标价八百元，便赶紧将老板叫来问道："这只鹦鹉是不是会说八门语言？"店主说："不。"这人奇怪了又问："那为什么会值这个钱呢？"店主回答："因为另外两只鹦鹉叫这只鹦鹉老板。"

看着王宁会心地笑了，班长李竞感觉谈话起到了效果。果然，在后来的工作中，王宁调整自己的工作做法，想了好多办法，不仅让自己轻松了，还让值日的同学增强了责任意识，带出一批认真负责的组长。

一个班干部并不是一个什么事情都亲自去做的人，而是能够调动所有同学去做事的人，就像故事中的第三只鹦鹉，也许它不懂得多种语言，但它是老板，不用亲自去做，可安排第一只或第二只鹦鹉去做。这就是方法——做班干部的方法。

做事的思路和方法是第一位的，对于职校学生来说已经有了独立的意识和思考能力，在班级工作中掌握的方法也能够成为未来的工作方法。这些经验会让一个班干部做事更自信更职业，未来更快速地融入到企业的环境中。

【拓展训练】

持续改进学习方法

【活动目的】

1. 找出改进学习的方法。

2. 养成做好本职工作、持续探索改善的意识。

3. 举一反三，得出方法运用到校园的其他事情。

【活动时间】

15 分钟。

【活动步骤和要求】

1. 分成四个小组。

2. 宣布活动主题与要求。

3. 小组讨论：每小组自选一门科目，讨论什么是更好的学习方法，并写在大白纸上。

4. 各小组呈现。

5. 找出规律，形成模板。

6. 小组讨论：校园内还有哪些事情，可以用这种方法去不断地完善，做得更好。

【点评分享】

1. 感觉对方小组的行动计划是否可行？

2. 还有哪些可以补充和完善的建议？

【延伸阅读】

培养职业心态

一、积极心态

世间万事万物，皆有正反两面，即积极的一面和消极的一面，它完全取决于你怎么看。而积极心态就指当人处于困境中时，看待事物和自身能够突破一时的局限，用发展、成长的眼光来看自己状况的一种心态。

或者说，当人遭遇困境之时，能够尽量放空自己，尽量不带任何主观偏见和心理情结来看待自己。面对、接纳、行动，是积极心态的重要内容。

在遭遇困境之时，不是自暴自弃，不是怨天尤人，而是积极面对，找寻方法，解决问题。

某天，农夫的驴子不小心掉入枯井，农夫绞尽脑汁也无法救出驴子，决定放弃并填埋枯井以免除驴子的痛苦。农夫便请来邻居帮忙。邻居们人手一把铲子，开始将泥土铲进枯井中。当驴子了解到自己的处境时，刚开始哭得很凄惨，出人意料的是，一会儿驴子就安静了下来。

农夫好奇地探头一看，出现在眼前的景象令他大吃一惊：当铲进井里的泥土落在驴子身上时，驴子的反应令人称奇——它将泥土抖落一旁，然后站到铲进的泥土堆上面！就这样，反复多次。很快地，这只驴子便得意地上升到井口，然后在众人惊讶的表情中快步跑开了。

虽然在某些事情上，我们可以表现出积极乐观的心态，但如果要想在对待任何事情上都能做到这样，则不是一件容易的事。积极乐观的心态需要长期不懈的培养，它就像一种熟练的技艺，手到自然心到，很快就会成为习惯。

若要形成积极的心态，要与你过去的失败经验彻底决裂，消除你脑海中那些与积极心态背道而驰的所有不良因素。要将你的全部思想用来做你想做的事情，而不要留半点思维空间给那些胡思乱想。你要了解真正的挫折是什么？事实上，打倒你的并不是挫折本身，而是你面对挫折时所抱持的悲观态度。

若要形成积极的心态，要多与积极乐观的人交朋友，从他们身上汲取积极正面的力量，对于他人善意的批评应当接受，而不应做出消极的反应。总之，积极的心态并非是与生俱来的，而是个人性格、经历与努力等因素共同作用的结果。我们既然能够意识到自己的不足，就可以努力改变，通过坚持不懈的努力来达到。

二、空杯心态

空杯心态，最直接的含义就是一个装满水的杯子很难接纳新东西。其引申含义就是：随时对自己所拥有的知识和技能进行重整，清空过时的知识、技能或经验，为新知识、新技能的进入留出空间，保证自己的知识与技能总是最新的。

空杯心态是每一个想在职场发展的人所必须拥有的心态。职务提升不等于素质提升，级别提高不等于水平提高，有资历不等于有能力，有学历不等于有学识。因此，这需要我们保持谦虚之心，放下过去的成绩，以"空杯心态"去完善自己，甘当小学生，不懂就问、就学、就研究，从而适应岗位工作的要求。

　　经验固然重要，但有时也会囚禁了自己，如果我们满足于已有的知识、技能以及工作经验，不愿意接受新鲜事物或汲取新思维、新方法、新视觉，工作按常规惯性来推进，没有突破，没有创新，便会陷入"吃老本"的可怕状态。而"空杯心态"则可以让我们时刻保持清醒的头脑，及时清空旧有的思维，吐故纳新，审时度势，从而避免掉入"经验主义"的陷阱。

　　古人讲"满招损，谦受益"。有了空杯心态，将原有的知识、经验打包存储，从心态上清空自己，才有地方去容纳新知识、新技能、新智慧，才能不断进步。

　　例如，企业花钱培训员工，有的员工学到了东西，而有的员工则抱怨没的学。其实，有的学没的学，关键在于自己想不想学，在于是否有空杯心态。

　　要知道"天外有天，人外有人！"在知识经济时代，科技飞速发展，知识更新加快，如果不虚心学习新的知识和方法，即使你原来的专业知识很扎实，也一样会被社会的进步潮流所淘汰，所以要活到老，学到老。

三、感恩心态

　　所谓感恩心态就是知恩图报的心态，是对自己的成长、进步或者取得的成绩、成就，获得的利益、地位等并不理所当然仅仅看作是自己的努力结果，而是能够客观地分析或体察到其他的因素、他人的功劳。

　　因此，若要具备感恩心态，从思维习惯上，凡事不要总是从自己的角度思考，多想想别人的帮助或功劳。

　　为什么要感恩？要感恩企业，因为在我们的业务人员还没出单的时候，是企业养活的你。还要感恩客户，没有客户，企业就没有收入，我们就不会聚在一起。还要感恩同事，同样，在你还没真正靠业绩养活自己的时候，你其实是被同事养活的。也别和我讲你靠自己的鬼话。一个不知道感恩的人，很难有什么真正的作为。

四、宽容心态

　　所谓宽容的心态，就是这样的心态：能够适当原谅别人的缺点、错误或对自己的伤害，不斤斤计较，"得饶人时且饶人"，同时，能够在心理上容纳各种不同特征的人。

五、老板心态

　　洞房花烛夜，当新郎兴奋地揭开新娘的盖头，羞答答的新娘正低头看着地上，忽然间掩口而笑，并以手指地说："看，看，看，老鼠在吃你家的大米，嘻嘻……"第二天早上，新郎还在酣睡，新娘起床，一声怒喝："该死的老鼠！敢来偷吃老娘的大米！""嗖！"的一声一只鞋子飞了过去。新郎不禁莞尔。很显然，新娘子快速完成心态的转变，拥有了当家者的心态，也就是老板的心态。

　　老板最想听的两句话就是："老板，你放心，我保证完成任务！""老板，我回来了，事情已经彻底搞定！"有贡献者得老板，得老板

者得舞台！我们和老板，其实是一种供求关系，因此，我们要把老板看作是我们的第一顾客，"顾客永远都是对的，顾客的需求就是我们努力的方向，顾客的需要就是我们奋斗的目标！"

一个把公司的命运时刻放在自己心里的人，自然会受到老板的信赖；一个有一分热便发一分光的人，老板自然敢把公司要务托付给他。

以老板的心态对待公司，你就会成为一个值得信赖的人，一个老板乐于雇用的人，一个可能成为老板得力助手的人。一个将企业视为己有并尽职尽责完成工作的人，他会得到工作给他的最高奖赏。这样的奖赏可能不是今天、下星期，或许是明年才会兑现，但他一定会得到奖赏，只不过表现的方式不同而已。当你养成习惯，将公司的资产视为自己的资产一样爱护，这样的员工在任何一家公司都是受欢迎的。

综 合 测 试

一、测一测

1. 企业欣赏（　　）样的人。

A. 能做好自己工作的人

B. 凡事得过且过的人

C. 想当领导的人

D. 经常加班的人

2. 下面的选项中，（　　）属于职业心态。

A. 积极心态

B. 空杯心态

C. 感恩心态

D. 宽容心态

E. 老板心态

二、练一练

观看电影《当幸福来敲门》，仔细体会主人翁在整部电影中的表现，特别是从自己职业化的角度，写一篇800字的观后感，并在班级沙龙交流会上分享。

第十四课

开启第一个财富十年

【案例导入】

李平的家乡地处交通闭塞的山区，是个贫困县。让他感触最深的经历是：那年中考要交 50 元报名费，他家里没有钱。拿不出钱就不能参加考试，就意味着不能上高中。为此，他把自己关在家里哭了一天一夜。后来，他选择了中职。

面对贫穷，李平并没有选择被动地接受别人的资助，而是凭借自身的努力去赚钱来减轻家中的负担，改变贫穷的现状。他认为：人只要肯吃苦，啥都能弄！

暑假他只身到郊区一个木具加工厂打工。由于没有木工技术，老板起初并不想要他，但是他凭借自身的勤快和努力得到了老板的信任。于是，白天他偷偷地看着工人工作来学习技术，晚上等老板和工人休息了再一个人练习白天学到的技术。这样一个月下来，他不仅赚了 1080 元钱，还学得了一手木工手艺，现在一般的木工活他都可以独自完成。

"贫穷给我带来了两方面的影响，有好有坏。坏的一方面是让我感到有些自卑，让我在对待某些事情方面有些放不开。好的一方面是贫穷让我比别人接触的东西更多，收获得更多，坚强了许多。"李平说，"贫穷让我懂得了人生最宝贵的内容。我相信只要发奋努力，终究有自己收获的那一天，即使再苦再累也无妨。"

即将走入职场的李平对自己的将来并不担心，他说："我觉得贫穷是上天赐给我的一笔宝贵的人生财富，贫穷是推动我人生奋勇向前的动力和源泉。"

【议一议】

1. 为什么李平会认为贫穷是一种财富？

2. 在走进社会的时候，那些能让我们在职场上持续发展的财富是什么？

> 我的事业诞生于简单而纯正的经验之中。这种经验是真正的老师，是真正的财富。
>
> ——达·芬奇

活 动 体 验

问题讨论：未来 10 年的好工作

【活动目的】

通过讨论明白我们通常所说的"好工作"是社会上流行的说法，是人们的期望，而未必是对个人成长真正有帮助的。

【活动时间】

20 分钟。

【活动道具】

纸条若干。

【活动步骤】

1. 主持人发纸条，要求每个纸条上写一项，每个人写出五项"你心目中对好工作的描述"。

2. 对全班同学的描述结果进行归类。

3. 宣布统计结果，请一两个人说说，有没有什么疑问。

4. 引导学生思考：

你想象中的好工作：收入高、有自由、不枯燥、受人尊重等这些信息，你可以在课下访问 10 位以上的成人，问问他们在第一个 10 年获得这样的工作了吗？

——什么样的人在初入职场的前 10 年就有这样的好工作？

——谁能保证他们在之后的发展中也会保持这样的状态？

——如果我们目前不能达到这样的状态，我们做哪些准备会让自己满意？

5. 分析符合毕业生的"好工作"是什么样的。

【体验分享】

1. 如果"工资高"与"发展机会"让你二选一，你会选择哪个？为什么？

2. 你为了获得自己心目中的好工作要做哪些努力？

探 究 明 理

📖 工资不是唯一的财富

提到好工作，很多人想的很单纯——工资要高。但工资是唯一的收获和财富吗？一个人的财富包含了三个层面：物质财富、精神财富与灵魂财富。

一个人的物质财富的来源与衡量，不是指你现在拥有多少物质财富，也就是说不是指你的父母祖上留下多少家产家业，而是指你为社会创造了多少价值财富之后，社会回报你的物质财富，如果你会种庄稼，那社会回报你的种庄稼之后的物质回报；如果你会教书育人，社会回报你的是教书育人之后的物质回报。请问，当你走入社会后，想要为这个社会做点什么？

一个人的精神财富则指这个人在自己精神世界里的向往与执著追求，也就是你能一直为自己的理想执著实践，无论发生什么事情，你都会一直向前的状态，这就是精神，一个人有了这样的精神面貌，会活得很坚定，而不是迷茫。

一个人的灵魂财富则指这个人是否一直拥有心平气和的状态。除了精神追求之外，这个人还能心平气和地对待外界一切事物的发生，甚至是痛苦的事件，那么这个人就拥有了灵魂财富。这是现如今很多人都无法做到的，也是很多人一直向往与追求的状态。

还有很多人知道了什么是财富，但不知道如何获得以上这些财富。试想一下，如果你想在某一家企业获得物质财富，但是遇到困难你就躲开；遇到你不习惯的事情，你就抱怨；遇到你不喜欢的客户或同事，你就挑剔。你认为这样状态的你是否能获得物质财富呢？在职场中，你如果能将以上事情处理好，你得到的经验、意志、能力就是你获得物质财富的基础。

对于初入职场的年轻人，需要提升能力，积累经验，得到锻炼最多的是好工作；到了职业生涯的中期，一个人的能力得以最大化的表现，那么，收入最高的是好工作；一个人到了职业生涯的晚期，他会考虑对社会有所回报和贡献，能证明自己价值最大化的就是好工作。

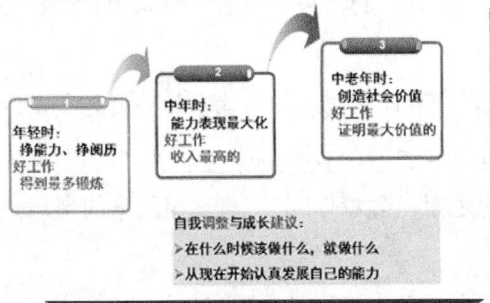

不同阶段的大众职业发展评价标准

年轻时：
挣能力、挣阅历
好工作
得到最多锻炼

中年时：
能力表现最大化
好工作
收入最高的

中老年时：
创造社会价值
好工作
证明最大价值的

自我调整与成长建议：
▶在什么时候该做什么，就做什么
▶从现在开始认真发展自己的能力

案例：从中职生到 2007 年上海十佳讲解员

中职生毕业的尤玮用十年的时间，迅速成长为"2007 年上海十佳讲解员"、中共"二大"会址纪念馆宣教部主任、"全国技能能手"。在这个过程中,一直在积累着让她可以持续成长的宝贵经验和精神财富。

1998 年中考,尤玮被上海市信息管理学校图书情报管理专业录取。踏入中职校门的那一刻起,她便告诉自己,这里是一个新的起点,一样可以实现人生目标,只不过需要将自己的人生道路进行一点点调整。

入学后,尤玮积极参加学校的各个社团活动,锻炼自己各方面的能力,参加辩论赛、演讲比赛,担任文学社社长……尤玮坦言,参加各种活动,有失败也有成功,让她渐渐明白,对自己有帮助的不是结果,而是有这段经历和过程。

进入职校的第一个寒假,尤玮去虹口区图书馆寻求实习的机会。第一份实习的工作很简单:将原来手写的目录书卡输入计算机,没有限定的工作量,也不限时上交,"做多少""怎么做"完全取决于个人"自觉"。熟练掌握五笔输入法的她早到晚归,总希望能多为老师分担一些,多出一点力。寒假结束时,虹口图书馆的馆长在实习鉴定上认真地写下:欢迎今后的假期继续来参加志愿服务。

2001 年鲁迅新馆改扩建完成,在虹口区图书馆老师的推荐下,尤玮到鲁迅纪念馆的图书馆参加志愿服务,她一丝不苟地将手写的目录卡输入计算机。一次偶然的机会,她被调至宣教部门,担任双休日志愿讲解员。白天担任讲解员,晚上翻阅各种资料,自己写讲解词……渐渐地,尤玮开始喜欢上讲解员这一职务,并不断钻研,每讲解一次都会有新的收获和启发。

2002 年,鲁迅纪念馆需要招聘一位讲解员,前来应聘的都是一些名牌大学的学生,甚至还有多位研究生。面试者需要现场讲解鲁迅纪念馆,并接受面试官的提问。此时,站在一旁做志愿者的尤玮胆怯地问道:"可以给我一次面试机会吗?"

现场的面试官说,可以啊,你试试吧!尤玮声情并茂地讲解后,面试官决定,无须招聘本科生、研究生,破格招聘这位中职生。

做了这么多年的讲解员,尤玮一直有一个习惯,随身带着一个小记录本,随时记录自己的最新收获和体会,遇到不懂的疑难问题,她也会第一时间写下来。

【议一议】

1. 像每位成功者一样,尤玮关注的不只是结果,而是过程中的获得。你认为,她在哪些方面是值得借鉴的?

2. 说说自己或身边朋友类似的成功事例。计划一下自己能从什么地方入手开始积累?

聪明而睿智的老板们在鼓励员工时并不会说:"好好干,我会给你涨工资。"而是说:"好好干吧,将你的全部本领展现出来,有更多的重担在等着你呢!"与重担而来的自然是薪水的提高。

付出劳动,获得报酬,创造财富。职业所给予人的薪水仅仅是员工工作报酬的一部分,而且是很少的一部分。除了薪水,职业给予的报酬还有珍贵的经验、良好的训练、才能的表现和品格的建立。这些东西与用金钱表现出来的薪水相比，其价值要高出千万倍。钱有花完的时候，但工作经验财富反而是越积累越多。

📖 财富通过实践获得

事业成功人士的经验向我们揭示了这样一个真理：如果工作时能全力以赴，不敷衍了事，不偷懒混日子，即使现在的薪水微薄，未来一定有所获。那些工作中能尽职尽责、坚持不懈的人，终会有获得晋升的一天。任何财富都是靠汗水和努力换来的。

第一份工作对每一个职业人都很重要，甚至可以影响以后的职业生涯。其实，影响以后职业生涯的关键不是第一份工作本身，而是在第一份工作中的状态和心态。如果能够学到良好的处理人际关系和处理日常事务的能力，那么将来即使变换工作也会有好的发展；相反，如果你的工作状态不是特别良好，一切都弄得一团糟，最后灰溜溜的走人，将来的发展也会有问题。总之，一个人的成长最重要的是在工作过程中得到升华。

案例：十年

某学校计算机专业有甲乙两位同学，他们是同班，住在一个宿舍，毕业后恰好来到了同一家公司。

甲在学校里就比较喜欢参与各种活动与学习各种知识，乙比较喜欢生活过得轻松一些，休闲一些。毕业后他们二人同时进入一家企业，担任计算机维修工程师。

进入公司之后，他们走了两条特色鲜明的职业发展之路——

甲不仅做好自己分内的工程师工作，有余力时还主动承担了一些与自己相关的其他工作，如软件支持、前台接待等。此外，凡是公司遇到一些困难的事情，他不管自己在公司的职务是什么都会努力参与处理，并还能顺利完成。

他还透露，在开始工作的第一个月就将公司的工作流程手册、管理制度手册、公司经典案例手册都仔仔细细读了一遍。他心里有了公司工作的一个全景图。因此，在处理问题中，他总能在遵守公司现有流程的基础上，还能有所创造性。

一年之后，一位资深主管离职，公司马上要找一个人顶替，甲工程师在候选人中脱颖而出。入职一年就当了主管，这在公司历史上是比较少见的。在这个职位上，甲工程师对公司的整个运作的流程以及相关主要的问题处理方式与机制有了许多更深入的认识。

经过三年的工作，他在公司里已经成为骨干。但他对自己的发展还是不很满意，在他心里一直有个梦想就是做个软件王国，于是甲离开了这家公司，在另外一家软件公司从头做起。这家软件公司非常赏识甲，于是在第三年任命他为一个重要业务部门的副总经理，带领近50人的开发团队。甲不负众望，经过七个月的努力成功拿下一个高达300万元的软件订单。随后几年，他不断地努力，迎来了客户更多的认可。最终在甲工作的第十个年头，公司任命他为公司副总，还分配给他20%的股份。

从学习计算机专业，到修理硬件设备，到学习软件开发，再到组织软件开发团队，甲在毕业十年后，开始了自己真正的软件王国的事业。

乙工程师是一个很聪明的快手，什么东西一学就会，他希望过一种能工作也会生活的日子。公司给他安排了一位师傅学修计算机。乙的师傅认为工作应该不要太卖命，如果太卖命就没有自己的生活了，他们俩一拍即合。乙在工作期间经常取笑同学甲，说甲比较傻，做那些和自己不相干的事情，到底是为了什么。乙在工作中采取的是能躲就躲的方式，绝不去做本职工作以外的事情，其实连本职工作也是能尽可能地少做。

乙工程师在本岗位工作了五年，也获得了一个晋升的机会，公司的经理也认为他工作了很长时间需要给他一个机会尝试一下，可没想到不到五个月，他就有些撑不下去，于是直接递了辞呈离开了公司。

乙后来从事了其他的一些工作，可是他发现自己的不适应性越来越明显。以前的公司开设分公司，缺人手，他考虑再三，还是回到了他熟悉的岗位上。

十年后的今天，乙又回到十年前工作的公司做了一个不太重要的小主管。

【议一议】

1. 每个人都有选择自己生活方式的权力，但要注意在生活中的成长积累。你认为，甲工程师比乙工程师在过去的十年中多积累了什么能力？

2. 你觉得，如果乙工程师要东山再起，需要在哪些方面采取行动？

一个有工作成绩的人，一定是一个行动力强的人，他会一直知道"自己要到哪里去"。所以，他们不觉得自己遇到的那些事是负担，反而会认为因为解决了那些问题，他们会有一个又一个的成就感。最重要的是自己获得了不断学习的习惯，这个比什么都重要。

人生总是这样的，没有实践又怎么能有知识呢？没有挫折又怎么能知道生活中的道理呢？实践能让人充满自信，充满好奇，充满力量；实践是检验我们创造财富的标志。

📖 及早积累和行动

人或多或少有这样的心理，想不付出或付出很少就得到大的收获，总是期待着"天上掉下馅饼"。一些人总是爱羡慕那些获得成功的人，羡慕人家富裕的生活，可是他们却没有想想这富裕生活的背后有多少汗水和艰辛。

看到别的中职学生在学业和职业上稳步发展，我们也无需羡慕嫉妒恨，其实，临渊羡鱼不如退而结网。

案例：诺贝尔获奖者的回答

在一次诺贝尔颁奖大会上，有人问一位诺贝尔奖获得者："您在哪所大学、哪个实验室学到了您认为是最主要的东西呢？"

这位白发苍苍的获奖者回答："是在幼儿园。"提问者愣住了，又问："您在幼儿园学到些什么呢？"科学家耐心地回答："把自己的东西分一半给小伙伴们；不是自己的东西不要拿；东西要放整齐；吃饭前要洗手；做了错事要表示歉意；午饭后要休息；要仔细观察大自然。从根本上说，我学到的全部东西就是这些。"

有人会说，什么？幼儿园？！我中职都要毕业了，有点晚了吧。其实，在职业的选择和发展方面，同学们还没有真正的开始。中职生的"准职业人"阶段，就相当于职业的幼儿园阶段，正是我们开始积累职业习惯的最佳时机。

案例：对中职校的感谢、感受、感悟

徐丽娟是某职教集团学校 96 届毕业生，已经成为我国中部某中心城市党校的办公室主任，她从感谢、感受、感悟三个方面分享她学习、工作成长的感受和体会。

徐丽娟说："进入职校，可以说是我人生的一个重要转折点。所以感谢学校为我创造了良好的学习氛围，给我带来了这么好的领导和老师，为我提供了煅炼的机会和平台。"

回顾学习生活，她最大的感受是：学无止境，而更重要的是学会学习。她说，在校的学习为的不仅仅是知识的学习，技能的培养，更重要的是学会学习，此外还有良好行为习惯的养成，思维体系的建立，人格品质的锤炼，作风态度的培养。在回顾自己的工作生活时，她认为最大的感受是，就业形势严峻，所以要先就业后择业。她告诉大家，成功是要靠自己的努力获得的。当然，中职生同样面临着较为严峻的就业形势，大家要珍惜机会加强学习，培养多方面兴趣，不断提升自己的能力和素养，增加自己的含金量，提高竞争力，同时也需要调整好心态。

徐丽娟谈到了自己的感悟。她说，人人都追求成功，成功的道路不止一条，成功的标准也不止一个。可以是一个人的地位和财富，也可以是一个人的创造力和影响力；可以是一个人对他人的帮助或贡献，也可以是一个人在自身基础上的提高和超越。专业知识、职业技术、管理能力等固然是很有价值的东西，而一种态度、一种自信、一种精神和一种品质构成一种素质或品格可以让你受益终生！

中职生在开启自己的第一个财富十年的时候，要对财富有更加清晰的认识。

1．在财富获取方面

一些同学不管是面对琳琅满目的物质财富，还是看到别人获得的名誉声望财富，都很容易羡慕。我们在家里有"要"的习惯，有的人甚至是无节制地"要"、蛮横地"要"，通过向父母长辈"要"来满足自己的欲望和虚荣。其实，最大的财富是自己的好习惯，这个谁都拿不走，别人的习惯你也要不来。

2．在财富支配方面

一些中职生消费无节制，这主要表现为浪费和消费结构的不合理，一些同学不顾家庭经济承受能力，羡慕"一掷千金"的生活，在消费方面超越甚至是大大超越自身和家庭的正常消费水平。"太爱乱花钱"成了一些同学的"非典型性"特征。

3．在财富意识方面

很多中职生尤其是一些富裕家庭的中职生，缺乏必要的财富意识，更不用说相应的理

财意识和能力。他们不知道"财富""金钱"意味着什么，没有"多"与"少"的概念，除了"要"就是"用"。

4．在财富价值观方面

部分中职生片面夸大财富在人生中的作用。他们认为有钱就"理直气壮"，无钱就"英雄气短"，"金钱第一"的思想极大地影响着一些中职生。他们把个人拥有财富的多少作为衡量人生成功、幸福与否的唯一标准。

大自然的规律是春种一粒粟，秋收万颗子；职业发展的规律是先有付出，后有收获。你未来的财富，是靠今天的积累慢慢收获的。中职生已经走到企业的大门口，已经踏上自己的成长与发展之路。

【拓展活动】

管好你的时间

【活动主题】

学会安排好自己的时间，并养成良好的作息习惯。

【活动目的】

1．学生进入企业第一要适应的就是早九晚五的固定的作息时间，而一般同学的时间比较散漫，比较随意。所以，一上班就觉得不适应。

2．制定好每天的作息时间，严格遵守一个月。

【活动时间】

一个月。

【活动步骤和要求】

1．学生先根据自己的情况确定每天的作息时间，并设立一个专门的记录本。

2．寻找 1~2 位支持者，由他们每天提醒、监督自己，鼓励自己。你也是别人时间管理的督导者。

3．每天早上弄清自己当天要做什么，每天晚上对做事计划方面做简要记录，逐日认真记载 30 天。

4．如果遇到学校和班级的特殊情况影响了自己的时间计划，看如何调整随机应变，对当天和后续的管理时间的做法影响最小。

5．一个月后，班级内做个总结。

【评价分享】

1．经过 30 天自我调整活动，在时间管理方面你的心得是什么？

2. 除了时间管理方面，你还在哪些方面有改变？

【延伸阅读】

李开复写给大学生的第三封信（节选）

我这一封信是写给那些渴望成功但又觉得成功遥不可及，渴望自信却又总是自怨自艾，渴望快乐但又不知快乐为何物的学生看的。希望这封信能够带给读者一个关于成功的崭新定义，鼓励读者认识和肯定自己，做一个快乐的人。也希望这封信能够帮助读者理解成功、自信、快乐是一个良性循环：从成功里可以得到自信和快乐，从自信里可以得到快乐和成功，从快乐里可以得到成功和自信。

成功就是成为最好的你自己

美国作家威廉·福克纳说过："不要竭尽全力去和你的同僚竞争。你应该在乎的是，你要比现在的你强。"

中国社会有个通病，就是希望每个人都照一个模式发展，衡量每个人是否"成功"采用的也是一元化的标准：在学校看成绩，进入社会看名利。尤其是在今天的中国，人们对财富的追求首当其冲，各行各业，对一个人的成功的评价，更多地以个人财富为指标。但是，有了最好的成绩就能对社会有所贡献吗？有名利就一定能快乐吗？

真正的成功应是多元化的。成功可能是你创造了新的财富或技术，可能是你为他人带来了快乐，可能是你在工作岗位上得到了别人的信任，也可能是你找到了回归自我、与世无争的生活方式。每个人的成功都是独一无二的。所以，凌志军在其《成长》一书中得出的重要结论是"成为最好的你自己"。也就是说，成功不是要和别人相比，而是要了解自己，发掘自己的目标和兴趣，努力不懈地追求进步，让自己的每一天都比昨天更好。

成功的第一步：把握人生目标，做一个主动的人

在新浪聊天室里，当网友问我的人生目标是什么时，我是这么回答的："人生只有一次，我认为最重要的就是要有最大的影响力（impact），能够帮助自己、帮助家庭、帮助国家、帮助世界、帮助后人，能够让他们的日子过得更好、更有效率，能够为他们带来幸福和快乐。"我回答这个问题时丝毫不需要思考，因为我从大学二年级起就把"影响力"当作自己的人生目标。

所以，不管是为了影响力，还是为了快乐、家人、道德、宁静、求知、创新……一旦确定了人生目标，你就可以像我一样在人生目标的指引下，果断地做出人生中的重大决定。每个人的人生目标都是独特的。最重要的是，你要主动把握自己的人生目标。但你千万不能操之过急，更不要为了追求所谓的"崇高"，或为了模仿他人而随便确定自己的目标。

那么，该怎么去发现自己的目标呢？许多同学问我他们的目标应该是什么？我无法回答，因为只有一个人能告诉你人生的目标是什么，那个人就是你自己。只有一个地方你能找到你的目标，那就是你心里。我建议你闭上眼睛，把第一个浮现在你脑海里的理想记录

下来，因为不经过思考的答案是最真诚的。或者，你也可以回顾过去，在你最快乐、最有成就感的时光里，是否存在某些共同点？它们很可能就是最能激励你的人生目标了。再者，你也可以想象一下，十五年后，当你达到完美的人生状态时，你将会处在何种环境下？从事什么工作？其中最快乐的事情是什么？当然，你也不妨多和亲友谈谈，听听他们的意见。

综 合 测 试

一、测一测

职业素质测试——工作意义测试

1．你觉得现在的工作就是你的天职吗？

    A．YES-3   B．NO-4

2．你认为工作上的问题大多起因于人际关系吗？

    A．YES-10   B．NO-8

3．在公司里，有没有让别人看见过你发脾气？

    A．YES-5   B．NO-8

4．你在工作上有崇拜的同事吗？

    A．YES-8   B．NO-2

5．你对"职员就应该以公司为重"的想法非常反感吗？

    A．YES-6   B．NO-7

6．你几乎从未拒绝过加班？

    A．YES-11   B．NO-7

7．看到其他同事，觉得他们对工作简直一点概念都没有？

    A．YES-11   B．NO-12

8．在公司绝对会忙里偷闲，偷偷地"摸鱼"一下？

    A．YES-10   B．NO-7

9．你认为工作上听从主管的指示是理所当然的事情？

    A．YES-D 型   B．NO-C 型

10．在工作上常有"就是因为没有我，才会搞成这样"的想法吗？

    A．YES-12   B．NO-9

11．每当人家问你"为什么工作"，你的答案都是"为了自己"吗？

A．YES-A 型　　　　　　　　B．NO-B 型

12．喜欢自己现在的工作吗？

A．YES-C 型　　　　　　　　B．NO-B 型

答案解析：

A．要有代价，才有意义

坚持有来有往。你觉得在工作上奉献了时间与劳力，就该获得对等的报酬，所以有加薪或升职，你就觉得很值得。

B．成为顶尖，才有意义

好胜好斗，没有比"得第一"更令你高兴的事情了！在公司想压过同事，在业界想技压群雄，你必须付出比常人更多的努力才可以。

C．成为焦点，才有意义

你对工作没有太大热情，不过如果它能让你大出风头，你就会觉得很有意义，但光这样对经验积累可是一点用都没有。

D．为人打拼，才有意义

你总是先考虑别人才想到自己，慈悲心超强。如果发现自己的工作能对他人有帮助，你就会觉得很幸福，很有意义。

二、练一练

读书《人生就是上楼梯》，写篇读后感，与同学们进行交流。

第四单元

创业导航

第十五课

从就业到创业的能力积累

【案例导入】

自主创业的小郑是上海市一职校电子与信息技术专业的学生。在校期间他虽然不是班里的学习尖子，但也是班里的活跃分子，总是积极参加各种校园活动，提高自己的综合素质和综合能力。怀着毕业后自主创业的梦想，他对学校的职业生涯课和就业指导课尤其感兴趣，在课堂中努力地汲取创业知识，并在社会实践活动中培养创业能力。

毕业后，小郑在家人的帮助和支持下，在学校和老师的关心下，向银行贷款成立了一家金属材料有限公司，成为一家小规模公司的法人代表，专门从事钢材批发和销售，最初的公司人员只有5名。

创业初期，自认为从小耳濡目染生意环境，有一点生意头脑的小郑雄心勃勃，但却屡屡受挫，很多事情想得很好，实施起来却很难，公司有货但接不到订单，好不容易接到订单，又找不到货源。小郑感觉到前所未有的压力，几乎有了打退堂鼓的想法。但他不是一个轻易认输的人，经过不断地反思和总结，公司业务逐渐走上正轨……目前公司已有10名员工，钢材销售和批发的经营区域由原来的无锡市拓展到江苏省各城市，业务量不断增加，公司也开始盈利。

眼下，小郑又为公司制定了新的发展规划，他的目标是：在五年内将经营区域由原来的江苏省延伸到浙江省和上海市，业务量增加两倍，经营利润翻番，同时进军汽车维修和装潢领域。

【议一议】

小郑能够走上自己的创业之路，有哪些方面的积累是值得我们借鉴的？

生存下来的第一个想法是做好，而不是做大。

——马云

活 动 体 验

我们知道了

【活动目的】

树立正确的、循序渐进的做事态度，认识到积累过程的重要性。

【活动时间】

30 分钟。

【活动道具】

A4 纸。

【活动步骤】

1. 将所有参与讨论的人员平均分为四组，每小组发一张 A4 纸进行过程记录，并选出小组讨论管理者与记录者。

2. 开展以"我们知道了"为主题的小组自由讨论，小组成员自由发言，在小组内讨论刚入校时我们不知道什么？即将毕业的我们现在知道了什么？在哪些方面得到了成长？如何实现了从不知道到知道的过程？这个过程中我们做了什么？过程中最重要的是什么？

3. 将小组讨论结果由小组的记录者作为代表与其他小组进行分享，展开组与组的讨论。

4. 老师针对各个小组讨论的结果进行补充和总结，引申至我们即将走向的职业生活。

【体验分享】

1. 在讨论中，你是否想到了自己刚入校时的状态？

2. 审视现在的你，是否发现你已比刚入校时成长了许多？

3. 你是否意识到自己的变化是潜移默化的，是一个逐步积累的过程？

4. 即将毕业的你又将面对新的生存环境，进入社会开始自己的职业生涯，这又是一个新的起点，是否和你在校学习成长的过程是相似的？

探 究 明 理

📖 创业是就业的一种形式

有些人一提起创业会说"我没有经验"，有些人一提起创业会说"我没有资金"，有些人一提起创业会说"我没有关系"。

告别校园，进入社会，"职业生涯"这个词是我们听到最多的，也是我们最关心的。与职业生涯密切相关的就是"就业"与"创业"。

每个人的成长都是一个积累的过程，就业也能为创业搭建积累的平台。就业状态下，一个人在工作过程中，可以学习服务知识，增长服务技巧，培养良好的习惯和处事态度；同时也能了解到一个公司的发展目标、主要业务、工厂流程、操作规范、产品设置等内容。

创业同样如此，创业是站在更大的一个平台上做同样的工作。只不过就业时是作为公司的员工为客户提供服务，而创业时则是以公司领导者的身份为客户和社会更广的人群提供服务。创业需要具备相应的条件和素质，创业的过程也是在满足别人特定需求的过程，通过我们的创业服务换取应得的回报。

创业是就业的一种形式。即将毕业的我们，更多的是走向社会后就业，在就业的过程中丰富社会经验，提升做事能力与自身素质，为创业创造条件。所以，创业与就业都是在勾划我们的职业生涯，通过提供服务实现就业，在就业过程逐步锻炼创业能力，最终实现我们的职业梦想。

案例：小魏的创业路

人力资源部是每个公司必不可少的一个职能部门，负责为公司进行人才的输入、培养等工作。一般情况下，大多数的人都认为从事人力资源工作的人永远就只能给别人打工，扮演着一个团队中的固定角色，很难跳出来自己创业。但是，并不尽然，小魏就是这样的一个资深的人力资源精英。

小魏从学校毕业后，如愿以偿的在一家公司找到了一份人力资源工作，一开始负责的是公司人才的招聘工作，在招聘过程中，小魏有了更多的与人接触的机会，他的交际能力与思维远见有了极大的提高。他在做好自己本职工作的同时，还主动去帮助其他同事，做一些人力资源部门的其他工作。时间一长，小魏变成了公司里最能说会道的人，在招聘岗位上的工作表现也深受领导的认可，他的工作能力已远超出招聘岗位的工作职责，对人力资源其他部门的工作内容他也非常熟悉。由于他具有超强的工作能力，很快就上升到公司的人力资源部经理职务，管理和实施人力资源部门的全局工作。

由于他的工作特点，经常会接收一些外界的新思想，了解社会的新趋势，这样的工作环境极大地提升了他的职业高度，他也经常接到一些其他公司的邀请，给予一个较好的条件邀请他去工作。这个时候的小魏在想，为什么我不可以多给几家公司服务，满足公司需要的同时又能给自己创造更多的收入呢？自己创业当老板的想法就这样产生了。他找到了公司的领导，将自己的想法和领导谈了一下，领导认为这种方式既能满足公司的需要，又能降低人力资源成本，就接受了他的建议。就这样，小魏的人力资源外包公司成立了，他

原来所服务的公司成了第一个客户，由于他出色的服务，后来他的客户越来越多。现在的他已全然不是以前的一个人力资源职员了，而是一个人力资源公司的总经理。

【议一议】

1. 把公司变成自己的客户，小魏先后都做了哪些准备？

2. 你是如何理解就业本身就是创业的一种形式的？

在就业和创业两种情形下，一个人所担任的角色是不同的，所承担的责任也有很大的区别。一个人就业时工作做不好，可以换一家公司或换个职位继续干；而一个人在创业时做不好，可能会造成公司倒闭，产生直接的经济损失，自己、合作者和招聘的员工也都会面临失业。通常来说，对创业者的要求高于一般的就业者。但不管是就业还是创业，都需要有一定职业化的素质，以职业人的心态和行动积累经验，在遇到问题时去坚持、去面对。

📖 在就业中积累创业能力

创业是建立在整合各方现有资源的基础上，通过拥有相应的行业经验、个人能力与创业者素质作为保障而实现的。没有积累的创业活动是无源之水，创业者需要对相关行业进行充分的认知，利用相应的就业平台进行经验方面的积累，在积累过程提升个人能力水平，塑造和培养自己的创业者素质。

作为一个创业者，首先需要在实践可行的基础上设立创业的现实目标，用目标指引前进的方向；其次，创业者需要具备一定的吃苦耐劳、挑战困难、抵御风险、承担压力、解决问题和学习探索能力，这些能力是创业者在通往目标道路上清除障碍的有力武器。最后，创业者要具有服务他人的素质和思维习惯，创业的价值就在于满足特定的服务需求，具备这样的创业者素质才能找到自己合适的市场位置。

案例：两个人的创业之路

20 世纪，在太平洋两岸的美国和日本，有两个年轻人都在为自己的人生努力着，日本人希望通过自己平日的工作收入给自己积累下一笔创业资金，开创自己的人生事业。美国人希望不断在学习和研究，发现证券市场的走势规律，并使这种规律能用技术的手段进行分析和发现，通过技术创立自己人生的事业。他们都有着自己明确的人生目标。

藤田田

日本人每月雷打不动地坚持把工资和奖金的三分之一存入银行，尽管许多时候他这样做会让自己手头拮据，但他仍咬咬牙照存不误。有时甚至借钱维持生计也从来不去动银行的存款。

相比之下，那个美国人的情况就更糟糕了，他整天躲在狭小的地下室里，将数百万根的 K 线一根根地画到纸上，贴到墙上，接下来便对着这些 K 线静静地思索，有时他甚至能面对着一张 K 线图发呆几个小时。后来他干脆把自美国证券市场有史以来的纪录搜集到一起，在那些杂乱无章的数据中寻找着规律性的东西。由于没有客户挣不到薪金，许多时候这个美国人不得不靠朋友的接济勉强度日。

这样的情况在两个年轻人的世界里各自延续了六年。

六年的时光里，日本人靠自己的勤俭积蓄了 5 万美元的存款，美国人集中研究了美国证券市场的走势与古老数学、几何学和星象学的关系。

威廉·江恩 (1878—1955)

六年后，日本人用自己在艰苦的岁月里仍坚持节衣缩食积累财富的经历打动了一名银行家。从银行家那儿获得了创业所需的 100 万美元的贷款，创立了麦当劳在日本的第一家分公司，从而成为麦当劳日本连锁公司的掌门人，他叫藤田田。

同样是在六年后，美国人成立了自己的经纪公司，并发现了最重要的有关证券市场发展趋势的预测方法，他把这一方法命名为"控制时间因素"。他在金融投资生涯中赚取了 5 亿美元的财富，成为华尔街上靠研究理论而白手起家的神话人物，他叫威廉·江恩，世界证券行业尽人皆知的最重要的"波浪理论"的创始人。如今，他的理论被译成了十几种文字，成为世界各地金融领域的从业人员必备的知识。

藤田田靠节衣缩食攒钱起家、江恩靠研究 K 线理论致富，这两个看似风马牛不相及的故事中蕴含着一个相同的道理，那就是成就大事业的创业者都具有鲜明的创业者素质，在具备创业所需要的基本素质基础上，他们也同样是从一点一滴的努力中创造和积累着成功所需的条件。

在现实世界里，每个年轻人都有梦想，都渴望成功，然而并不是所有的年轻人都能成就大的事业。他们看到的只是成功人士功成名就时的辉煌，却往往忽略了创业者身上的那种创业素质及他们在此之前所进行的艰苦卓绝的努力。

【议一议】

1. 我们是不是只要有一个创业的心就能成功创业？在创业条件和创业素质不具备的情况下我们又该怎么做呢？

2. 案例中的日本人与美国人在实现自己人生的伟大事业过程中有哪些共同之处？

创业成功需要在就业平台上积累机会，在就业中积累，积累中成长，成长中创业。

📖 校内修炼创业基本功

就业还是创业，需要我们进入职场的能力表现，也来自于今天我们在校园中的储备情况。

机会是留给有准备的人。作为即将跨入社会的毕业生，就业的过程相当于接受社会给予最严格最全面的考核。如果考核合格，表明具备了相应的社会生存与发展能力，取得一张进入社会的门票。如果考核不合格，就表明自己在一些方面还有些许欠缺，在步入职场后将举步维艰。所以，在校园生活当中，学习好专业知识的同时，应积极开展各项社会实践，了解企业与社会需求标准，给未来的就业打好基础，为未来的创业活动创造条件。

案例：能折腾的沈聪

2009 年的沈聪还是一名在校学生。在刚入学的时候，他就开始考虑自己未来的出路。他看到，近几年的就业形势越来越严峻，自己所学的计算机专业也不好找工作。大多学长学姐们每天都过着（教室—图书馆—寝室）三点一线的生活方式。而他认为，不应那样过日子，应该在校园中丰富实践经验，将更多的关注点放在提升职场能力方面。

一年级的下学期，沈聪走出校园，试着去接触社会。刚开始，他做过很多像促销员、业务员之类的兼职工作，结识了一些社会人士。后来，其中有一个人推荐他推广一个有关英语的教育软件。那个人说："像你这么帅的小伙子去推广更没有问题了，首先必须自己先买一套成为公司的会员，成为会员之后，就可以享受团队所有的力量和资源等，到时候其他会员加进来你就可以有更多的经济收获了。"沈聪只是觉得这是一个很好的锻炼机会，便痛快的答应了，第二天就把钱打到了别人的卡上，但之后就音信全无了。他将此事告知了学校的一个老师，老师分析后认为可能是传销组织。沈聪被骗了 1200 元钱，但是，他觉得这份经历和经验是无价的，收获的是未来生存的本领。

总之，沈聪一年级所经历的社会实践生活，有付出，有收获，有开心，但也有挫折，它让沈聪学会了如何承受压力，如何与人沟通，同时也给他培养了一定的市场敏感度。

二年级开学初的时候，每个人都知道这是学校的商业旺季，一年级刚报到的新生肯定会对日常生活用品及一些消费品有较大需求。他想到了一个小小的创业项目：出售一年级新生所需要的电风扇、台灯、电话卡、接线板等生活用品。虽然学校周围的许多商店就可以买到沈聪经营的同类物品，但是，他的物品更好用、更便宜，服务也更好。

他组建销售团队，总结短期出售的创业项目特点和经营原则，首先，摊位设的地点很重要，其次就是怎么获取客户资源。因为他在一年级的实践过程中结识了学校北门的药店老板，两人非常熟悉，刚好药店门口就是学校人流量最大的地方，他利用自己的有利条件找到了一个有利的免费摊点。接下来，他又通过学工办的老师帮忙，学生会干部及迎接新生的同学介绍，以及及朋友推荐等方式获取了大量的客户资源，使他取得了一次小的创业成功，取得了不错的成效，自己也从中获取了更多的社会经验与能力，变得更加自信。后来，他在校园里出售二手自行车、摩托车，代理信用卡、SIM 卡，卖数码产品，开饭店等，从学生到老师，大部分人都认识沈聪，因此他成了学校里的名人。

在大多数学生眼里，只看到沈聪的校园生活是丰富多彩的，却很少留意他所遇到的困难。沈聪在做这些事的时候，要解决一般同学遇不到的问题，也让他具备了一般同学所不具备的生存能力和适应能力，解决问题的能力与创新能力，这让他在走向职场后更加的自信和坚强。如今的他已有了属于自己的公司，而他本身的创业故事成了学校老师教学的实践教材。

【议一议】

1. 在其他同学都过着三点一线校园生活的时候，沈聪为什么要选择走出校园参加社会实践？

2. 你对沈聪的校园生活有着怎样的理解？从中又获得了哪些启发？

就业与创业互联互通，创业是就业的一种形式，就业也是创业的一种形式，无论是站在就业的平台上还是创业的平台上，都是在为自己追求的理想而奋斗。与此同时，无论是就业还是创业，都要求我们必须具备相应的能力与素质，而这些能力与素质又恰恰是在就业或创业的过程中逐步积累起来的。今天我们所展现出的能力与素质，都来自于以往的经验与积累。

【拓展活动】

岗位生存力

【活动目的】

在了解企业用工标准的基础上发现自己的不足，感知职业生涯过程中应具备的基本素质与能力。

【活动时间】

50分钟。

【活动道具】

扫把、抹布、水盆、簸箕、铲子。

【活动步骤】

1. 老师将学生平均分成四个小组，介绍活动规则，严格依照企业的团队组建方式和工作执行方式对小组成员的设置进行要求，各小组成员的岗位职责分配依照规则自行设置。

2. 将整个操场划分为相同大小的四个区域，各小组接受工作任务，自行选择活动道具。

3. 活动进行中，小组在打扫卫生的过程中老师起到执行监督的作用，观察学生的工作状态与变化。

4. 各小组选派代表向老师汇报工作完成情况，老师检查验收各小组的工作成果，并指出工作过程中的优点与不足。

5. 请各组代表进行心得分享，老师对各小组及小组成员工作过程中的表现给予表彰或处罚，并对整个活动的开展情况给予总结和分享。

【体验分享】

1. 在接受工作任务以后，你所在的团队是否有设定工作目标和完成计划？是否进行了工作任务的分解？是否进行了工作执行的分工部署及设定工作岗位职责？

2. 对接收老师或团队成员的指令不清楚时，是否有继续询问？如果没有，你又如何能有效地完成工作任务呢？

3. 在卫生打扫过程中，你是否承受了在规定时间内无法完成工作任务的压力？这种压力你又是如何看待的呢？

4. 你对自己的工作表现满意吗？你认为企业的用工标准是什么？自己是否是一名合格的企业员工？如果不是，现在的我们该怎么做呢？

5. 从活动中你感受到了哪些素质与能力是我们职业生涯过程中所必须具备的？现在的你又是否具备这些能力与素质呢？如果不具备相关的能力与素质，你是否已经找到了提升的途径？

【延伸阅读】

哪里有抱怨哪里就有商机

阿里巴巴集团创办人马云可谓一代创业神话。马云 6 月 30 日赴香港出席青年创业论坛，分享经验，被问及如今哪里最有机会？马云说只要有抱怨的地方，有投诉、不合理的地方就有创业机会。他认为香港的年轻人只有和全世界的年轻人竞争才有机会。

把抱怨投诉变成机会

马云 6 月 30 日出席的《伴你启航》论坛，是香港系列活动之一。会上马云少有地谈到香港，他认为未来世界的竞争是年轻人和年轻人的竞争，而不是某两个地区的竞争，"香港不应该和大陆竞争，香港的年轻人要和全世界的 80 后、90 后竞争，这样你才有机会"。马云最看重年轻人的不是学历，而是"开放、透明、分享、承担责任"这四个质量。他笑说："我是杭州师范大学毕业，我认为这是全世界最好的学校。"

谈及创业心得，马云说他创业得益于当初最根本的一个想法，就是透过互联网帮助小企业生存。如今想来，他总结出只要有抱怨的地方、不合理的地方、有人投诉的地方，就有创业机会。"这个世界机会太多了，你就看看每天互联网上抱怨的事情那么多，这些都是机会。你加入抱怨永远没有机会。你要将别人的抱怨、投诉、仇恨、不靠谱的地方变成你的机会"。

失败两因：没开始没坚持

在鼓励年轻人创业的同时，马云也不忘泼冷水，说 100 个创业的人只有 1 个成功。在他看来，创业失败至少有两大原因：根本没开始和没能坚持下去。他指出很多年轻人是"晚上想想千条路，早上起来走原路"，要创业，跨出第一步就很难。而创业后，不少人又因为走了几步臭棋（即作了错误决定）就放弃了。马云说，不要听别人瞎说创业时多牛气，其实每个人走的都是臭棋，他自己也是臭棋无数，最关键的是你要将棋局一直走下去，"创业的艰辛很多，但只要你坚持。绝大部分人死在不坚持的路上"。

以他的经验来说，当他还在做服务中小企业的阿里巴巴网站时，猛然发觉 eBay 已抢先一步做起了网购。但不要紧，他随即推出淘宝。而有了淘宝后却发现没有支付系统，银行也没兴趣合作，于是他就将支付宝一并做下。现在淘宝遇到了物流难题，马云近日成立了菜鸟网络。马云把这整个过程称为"逢山开路，逢水搭桥"。

综 合 测 试

一、测一测

1. 创业是（　　　）的一种形式。

　　A. 失业　　　　　B. 择业　　　　　C. 就业　　　　　D. 职业

2. 以下选项属于创业者应该具备的能力与素质的是（　　　）。

　　A. 吃苦耐劳　　B. 抵御风险　　　C. 学习探索　　　D. 解决问题

3. 企业与社会的发展需要（　　　）。

　　A. 坐享其成的人　　　　　　　B. 能够创造价值的人

　　C. 好吃懒做的人　　　　　　　D. 具备创新能力的人

二、练一练

1. 将全班同学分成若干工作小组，在校园内模拟企业工作环境，依照企业的用工标准开展卫生整治活动。

2. 在家里承担一定数量的家务劳动，持续较长时间（如一个月），锻炼自己吃苦耐劳的精神。

第十六课

从现实到理想的实践精神

【案例导入】

实现理想就是对现实的不断超越

没有良好社会背景的小周经过 10 年的奋斗，从一个无名小卒成长为知名的企业家。小周的创业感言是：坚持理想，面对现实，做好自己能做的。

1995 年，小周就读广西一所职校学机械制造专业。要达到创业的梦想光有一腔热情是不够的，他除了努力学好专业知识外，还利用各种机会锻炼自己，积极为将来毕业后的自主创业打下坚实的基础。

小周毕业后，就职于一家化工有限公司车间主任。工作中，他将学校积累的管理与沟通经验得到进一步提升，使他周围的人事关系更加融洽，工作业绩稳步提高。对于有一腔热血，立志要创出一番事业的小周来说，他并没有安于现状。

一年后，他毅然辞职，开始创业。他最先是卖小百货，然而生意并没有想象中那么顺利，为挣钱，他摆过地摊，开过摩的，到处奔波。第一次创业很快失败了。

小周的创业理想究竟能否实现呢？小周认真反省，认为创业的时机还未成熟，还要继续深入实践，认识市场，把握市场。于是他应聘就职于一家服装公司的南宁专卖店店长一职，从事服装管理工作。1999 年 12 月，小周又应聘就职于一家电知名企业南宁分公司营销员从事家电销售工作，在这一行业中，经过五年的摸爬滚打，他充分把握家电市场的规律，建立良好的多方面人际关系，提升了个人的思想境界。同时，他觉得自己创业的时机已经成熟。2004 年 12 月小周创办了一家贸易有限公司，2009 年 11 月小周也成为广西一家销售有限公司的董事长。

【议一议】

1. 小周身上的哪些特质助推了他创业的成功？

2. 实现理想的创业素质有很多，你认为最重要的是什么？

　　我做了 20 年企业，20 年的辛苦加 20 年的思索，20 年的实践加 20 年的创造，我用旅游的心态在跟跟跄跄中大步流星地一路走到了今天。

——严介和

活 动 体 验

变废为宝的创业体验

【活动目的】

　　在活动过程中感知客户需求，理解创业价值，体验从现实到理想的实践过程是一个持续努力付出的过程。

【活动时间】

　　一天。

【活动地点】

　　校园内人流密集的地方。

【活动道具】

　　学生日常的生活用品、电器、服装、书籍等物品。（说明：活动的道具都是学生不打算再继续使用的旧物品）

【活动步骤】

　　1. 老师作为活动的总指挥，将班内学生分为人数均等的四个小组，并选出活动组长与副组长。

　　2. 老师说明活动要求与规则，请参与的同学搜集自己不打算再继续使用的旧物品，各小组以组为单位将物品分类归集在一起，并由各组的副组长做好物品统计与记录。

　　3. 在组长的带领下，各小组成员讨论商定每件物品的销售价格，副组长进行销售价格记录。

　　4. 以小组为单位，各小组成员每天利用中午与下午课余时间各一小时，在校园内自行选择人流密集的位置进行物品销售。销售活动需在连续的三天时间内进行，组长负责销售秩序和过程控制，副组长负责销售记录。

5. 三天后，公布各个小组的销售成果（金额、件数及具体类别）。

6. 从活动的开始准备、实施过程到最终结束，让同学们认真感知和思考活动心得，以小组为单位进行组内活动心得分享，副组长负责记录。

7. 各小组组长作为小组代表，归类整理组内成员的活动心得，代表小组在全班分享。

8. 老师对所有小组的活动心得分享给予补充，对变废为宝的创业体验活动进行全面总结，通过总结的方式给学生们以启迪和思考。

【体验分享】

1. 在整理和寻找可供销售的物品过程中，你是否有考虑过销售对象的真实需求？如果你的物品不被客户所需要，能实现有效销售吗？

2. 在连续三天六个小时的销售过程中，你是否感到疲惫？你是否因为销售状况不佳而心生退缩的念头？如果你没有退缩和放弃，那又是什么在支撑着你？

探 究 明 理

📖 机会留给一直在准备的人

在校园中，每天都会进行一样的上课、下课等校园学习活动，可每个人头脑思考问题的层面却不尽相同，几年的收获也就不同。机会青睐有准备的头脑，机会更青睐时刻做准备的人。只有做好充分的准备，我们才能把握实现理想的每一次机会，不会让机会与我们擦肩而过。正如伟大的物理学家牛顿发现万有引力一样，他不是苹果掉到他头上那一刻才发现万有引力的，而是他时时刻刻都在思索着，而苹果掉下来的那一刻才真正地触发了他的灵感。

案例：一切为了创业梦

1999 年，王泽彬进入广东惠州商业学校计算机系学习。他家境贫寒，但一直自强不息，还获得过学校的寒梅助困奖学金。刚进入学校，他就已经为自己将来的发展规划了蓝图——毕业后一定要开一家自己的公司。为了积累相关的经验，他还在学校选修了市场营销课程。

2002 年，临近毕业，王泽彬分析了自己的情况后，并没有盲目地去创业，而是先进入了一家电脑公司实习。他从最底层的员工开始做起，工作再苦再累也毫无怨言。他毫不隐瞒自己的经历，最苦的时候，他曾在仓库做过搬运工。因为他工作勤快，一毕业就立刻成为该公司的正式员工。在公司中，他一直如海绵般默默地吸收着各种经验，并做着资金的积累。

工作三年之后，他感觉时机已成熟，就拿出自己所有的积蓄，并向同学和朋友借了一些，在市区的一个电脑城经营起一家电脑公司，开始了自己的创业历程。

最初，加上他自己公司只有三个人，一切都是空白，要自己去从头做起。卖组装电脑、代理各种网络产品、为网吧和公司组建网络并进行维护，凭着自己过硬的技术和良好的人际关系，他的公司慢慢上了轨道。现在已经增加到六个人，每个月的营业额基本能够满足日常运作。

回想当初创业初期，他表示主要是资金上有困难，什么事情都要操心，人也十分辛苦。不过还好，只要顶过了开始最困难的时候，后面就好多了。

在他最苦最难的时候，他也有个信念：自己不怕干苦活累活，那些都是自己实现理想会经历的必然过程。

人不能没有梦想，有了梦想不去努力不行动也是枉然。创业理想需要准备，而准备需要行动，也只有行动才能证明一切。

王泽彬平常在学校话不多，但是从他的行动中可以感受到他是有理想、有目标的，而且为了自己的目标进行了积累。行动使看起来困难、复杂的事情变得简单。他并不必太在意别人的看法，因为他自己有目标，而且只有自己的行动可以达到目标。别人不会真正地了解你，所以对你的评价和看法都可能是非常片面的，大可不必理睬。王泽彬想的是，大胆去做，用行动来明明白白地证明，用行动来扎扎实实地准备。

📖 理解社会需求才能创事业

回顾本课的"变废为宝体验活动"，为什么要安排各小组成员在组长的带领下讨论学校学生的真实需求是什么？为什么要进行多次的讨论呢？从活动过程中我们不难看出，讨论的真实目的是让创业小组成员充分地认识和理解在校学生的需求点，才能够有针对性地满足学生的需求，知道我们该做什么，不该做什么，如此这样，我们的理想和事业才有存在的价值，否则，销售的物品并不是学生们所需要的，顾客会花钱买一个自己并不需要的东西吗？

就如第三课提到的蔬菜沙拉公司存在的价值，是用自己的服务满足工作节奏比较快的上班族群体用餐需求，因为蔬菜沙拉公司发现这个群体没有时间照顾自己的饮食，但又需要食用健康、干净、方便的蔬菜和水果来补充身体所需的营养。再如如家连锁酒店，发现因公出差的人希望在出差过程中住上成本低、设施全、服务好的酒店，所以，他们就开设类似的酒店满足出差人士的住房需求。

实践证明，有需求才有市场，只有我们找准了需求才能获得了生存的市场，成就我们的理想，创造我们地事业。因此，不难推断，任何一个创业公司想要在社会中求得生存和发展，必须充分地认识到社会中一些群体的真实需求，找到了需求就相当于找到了创业机会，有了机会才能创造事业。

案例：李娟的妇婴用品店

李娟以前是毛纺厂的职工，因为厂里效益不好下岗在家，很长一段时间里就在家里做做饭、收拾房间、照顾孩子等，时间一长，李娟觉得应该找点事情做，让自己的人生丰富起来。

想做一番事业的她每天都通过各种途径了解当前社会的需求热点和行业情况，在了解的过程中李娟发现，随着人们生活水平的提高，现在基本上都是一家一个孩子，所以，孩子是每个家庭最为重视的，从孩子还在母亲的肚子里开始就开始消费。像一些防辐射的孕妇装、胎教音乐和一些准妈妈与新妈妈用品等，都非常受欢迎，而且家家都要买最好的。至于孩子出生后的一些日常用品就更不用说了，从奶瓶到奶嘴、从奶粉到尿不湿、从一些特色的婴儿用品到母婴用品都有非常好的市场前景。和家人商量之后，李娟就租了一间门店，用家里的积蓄 5 万元开始了自己的创业历程。

李娟开业之后不断学习母婴的一些保健常识，并经常更新店里的一些产品，如各种类型的磨牙棒、非常方便婴儿用的温度计、婴儿去鼻涕用的鼻泵、自动进气的仿真奶嘴等特色产品，非常受"准妈妈"们的喜爱，而且在销售的时候李娟还会向准妈妈们分享一些婴儿保健的常识，店里也会进一些妇幼保健和育儿知识的书籍等，方便妈妈们阅读。

时间久了，李娟的妇婴用品店渐渐的火爆起来，优质和周到的服务，琳琅满目的各类妇婴用品、充满童趣的温馨环境，都让前来购物的年轻父母们心情愉快。一年下来李娟的妇婴用品店就盈利了近 5 万元。最近李娟正忙着扩大店面，她认为自己已经有了创业的开始，在不久的将来，自己会做得更好。

【议一议】

1. 你认为李娟创业成功的关键之处在于什么？

2. 从李娟的妇婴用品店的项目中，你发现了哪些创业项目？

📖 持续努力才能达成创业理想

"不积跬步无以至千里，不积小流无以成江海"。这句话虽然表明万事皆是一个循序渐进、积少成多的过程，但是从另外一个角度来看，这个过程中有一种不可或缺的元素贯穿始终，那就是长期且持续的努力。实现创业理想是一个长期的、持续的努力过程，这种长期且持续的努力是创业理想得到实现最重要的过程性保障，是创业者必须具备的素质之一。

创业者实现创业理想所应具备的自身与外部条件并不是短期行为所能达到的，而是一个长期的、持续的努力付出过程中，在此过程中，创业者实现能力的积累、素质的培养及条件的创造。

与此同时，创业者在创业过程中会遇到各种困难与挑战，应对这些困难与挑战不仅需要自身具备相应的能力，也需要外部给予有效的条件支持，更需要创业者具备长期且持续的努力状态，迎难而上，才不会轻言放弃、避重就轻、退缩逃避，才能向着既定目标前进，实现创业理想。

在下面的校内创业活动案例中，第五组在整个过程中的表现和体现出来的素质是否值得我们思考呢？

案例：体验校园创业历程

某中职学校在校内开展了一次校内创业活动。为使创业活动项目多姿多彩，设计了五个创业小组，五个创业小组需要准备两周，然后进行一天的"PK"赛，看看最终哪个创业小组能够胜出。在创业准备阶段，组委会为各小组提供 300 元创业基金，各小组成员也可根据创业需要投资。

案例分享：体验校园创业历程

最终创业组委会从以下五个方面进行获胜评价：产生经营利润；有营销策划方案；有现场实施照片；清理活动现场；创业完后还能有完整的团队。

活动进展之一：

经过一周的市场调研，五个小组都选择好了自己要经营的产品，并且也做好了详细的组内分工，如有人负责采购，有人负责记账，有人负责市场宣传与销售，有人负责搬桌子、椅子、拍照等服务工作。在一个星期一下午四点在学校食堂前的走廊里开业了。由于开业前的一小时下起倾盆大雨，第五小组没能及时进货，准备了一周的工作白费了。

活动进展之二：

当倾盆大雨发生时，第五组所有成员彻底失望了，12 个人当时就有两个人撤出，不打算参与这个活动了。剩下的十位成员还在想看看有没有回旋的余地。

有一位同学突然提出建议，说大家可以帮助其他四个组来销售产品，就是做代理工作，他们只要在其中抽取少量的销售代理费即可。于是剩下的十位组员开始出动，找其他小组分头进行谈判，可结果是其他小组统统拒绝了。

第五组的十位组员再度陷入了失望，此时又有两位同学丧气地说，干脆宣布解散吧，反正也不是我们故意不做，是天气原因。剩下的八位同学想，还是再想想办法吧。在绝望中，又有一位同学说，这次活动老师让我们每个小组留下各种照片并且做成各种带音乐的合成视频，我们男生多，我们懂计算机技术，我们只要向四个小组提供这样的服务，收取少量的费用，我们也算是有所盈利呀。

于是他们再次分头沟通，其中第五组的两个成员，追着其他组成员，从教学楼的一楼跑到五楼，一路求着对方给予机会，可换来的还是拒绝。这八个人想想还是不甘心，又想出一计，帮助各小组做会场，如搬桌子、椅子，收拾现场垃圾等服务工作，只想收取每组两元钱劳务费，可还是遭到拒绝，原因是有人做这些事。

第五组又有一个成员离开了，认为自己组这样低声下气求大家很没劲。剩下的七人觉得自己既然参与了，就做到底，于是向各小组提出提供免费清理垃圾等服务，其他小组还是拒绝了他们。

经历这些事情，第五小组剩下的七名成员反而越来越团结，认为自己这次活动失败，并不代表永远失败，他们还在坚持自己小组的存在。

活动进展之三：

五个创业小组的经营结果：

1. 第一组：经营小吃、熟食——净利润：99 元；

2. 第二组：经营小吃、熟食——净利润：20 元；

3. 第三组：经营生活用品—— 净利润：130 元；

4. 第四组：经营小饰品、玩具——利润：-40 元；

5. 第五组：出租现场服务——净利润：0 元。

活动进展之四：

五个创业小组经营后的持续跟进结果：

1. 第一组：股东按出资比例分净利润是 99 元；

2. 第二组：净利润 20 元，全买棒棒糖奖励大家；

3. 第三组：净利润 130 元如何分给大家产生了矛盾，最后决定一起吃一顿；

4. 第四组：因为净利润为负增长，为-40 元，所以公司就地解散；

5. 第五组：无人购买他们的出租服务，但还是没有解散，需要重新找客户。

【议一议】

1. 如果你是第五组，在比赛开始后面对无法进货的局面你会做出什么样的选择？

2. 你认为哪个小组的创业活动是成功的？成功的衡量标准又是什么？一次成功就等于永远成功吗？

3. 如果让你加入这五个小组，你更愿意加入哪个小组？为什么？

追求理想的我们都在寻求实现理想的方式方法，并为此而不断探索。从现实到理想的实现过程，有人成功了，有人失败了，为什么会出现这样的结果呢？原因是复杂的，但是以下有几点需要注意。

首先，在追理想、创事业的道路上你是否是一个有准备的人，如果你并没有为此做相应的准备，只是停留在空想阶段，那么你就不可能成功。

其次，你是否认识和发现到真实需求的存在，如果你没有发现，那么，你终将不可能追到理想，创造事业。

最后，你是否具备长期且持续的努力状态，如果你并不具备职业生涯过程中的职业素质，那么，你在通往成功的道路上会因无法逾越困难和挑战而退出。

【拓展训练】

我能帮你

【活动目的】

帮助学生学会捕获身边的有效信息，培养他们的信息识别能力、透过现象看本质的思维习惯及解决问题的能力。

【活动时间】

7 天。

【活动道具】

"我能帮你"追踪分析明细表（见附表）。

【活动步骤】

1. 老师给班级的每位学生发放"我能帮你"追踪分析明细表，依照表格中的内容给学生讲解活动规则与要求，特别要强化学生对表格填写须知的理解。

2. 同学们依照自己的生活习惯任意选择一种或多种信息获取方式，在 7 天时间捕获身边的一条有效信息，对信息进行有效分析后设定出自己的帮助方案。

3. 学生依照要求填写表格。

4. 老师收集"我能帮你"追踪分析明细表，对学生的创意帮助方案进行评级、评价和指导。

5. 老师批阅过的表格再次返还给班级的每位同学，并让优秀的同学在班级内做心得分享。

6. 老师针对活动的开展情况进行总结，对不足和优秀进行分析，提升学生对活动的认识，并给予指导。

【体验分享】

1. 你是否已经觉察到有效的信息就潜藏在我们的日常生活中而且无处不在？

2. 我们需要具备什么样的能力和习惯，才能发现潜藏在日常生活当中的有效信息，并找出解决的方式方法，真正地帮到别人？

附表："我能帮你"追踪分析明细表

帮助人姓名		日期	
你所涉及的信息获取途径			
获取的有效信息			
获取此项有效信息的途径			
你对获取的信息引发的思考			
自我能力分析			
你的帮助方案			
分析帮助方案的优势及产生的积极效果			
分析帮助方案的不足及产生的负面效应			
对帮助方案进行综合描述			
老师评级	优秀	良好	需进一步完善
老师综合评语			

【延伸阅读】

阻碍创业的五大精神枷锁

有管理学者曾讲过这么一句话："创业，其实人人都会成功。只是有些人被陈腐观念所束缚，也就失去获取成功的最佳时机，未能成为幸运的宠儿。"事实也是，前怕豺狼后怕虎，何来成功？以下五种常见的理由，对创业者来说是"忌讳"。如果被其绊倒，成功也就遥遥无期了。

理由一：没有足够的资金

不少渴望创业的人表示，其实自己并不喜欢打工，只是因为资金不够，也就未去创业。正方培训中心总经理魏先生表示，那只是不敢创业的借口。他在开办计算机培训时，当时就只有一台 486 的二手计算机，并且是在位于七层楼的民房内开始创业生涯。如果要说启动资金，全部加起来也不到 3000 元。可自己豁出去了，不成功不罢休。几年拼搏下来，不单计算机更新换代，也让自己在业界小有名气，固定资产已逾百万。他常说的一句话是："创业并不需要太多的钱。如果钱太多了，也就无所谓创业了。"

理由二：没有稳赚的项目

一知名网站进行过一次有关创业问题的心理调查，从反馈的结果看，有超过 80% 的被调查者表示，如果没有稳赚的项目，自己宁愿打工，也不去盲目投资创业。但维美广告设计公司总经理曾先生说，赚与不赚只是一个相对的概念。他举了一个例子。房地产几乎是被公认利润最高的产业，可在这一领域，经营成功的房地产公司不到 30%。是因为项目不赚钱吗？绝对不是！是因为缺乏赚钱的方法。

因此他建议，如果想创业成功，不要过分计较项目好与不好，而要琢磨自己是否爱好这个行业、喜欢这个项目。如果具备这两个基本条件，好方法加巧手段，泥土也能变黄金。

理由三：没有十足的信心

信心是致胜的法宝。可一些人在期望创业时，总是觉得自信心不足，相反，更多怀疑自己是否有驾驭项目与风险的能力。在这种消极心态作用下，机遇与幸运也就擦肩而过。从事直销行业的陈先生告诉笔者，因为"传销"的关系，我国的直销市场一直狼烟四起，战乱纷飞。可自己对所代理的品牌进行充分考证后，认为合情合法合理，在反对大于赞成的亲友团中，还是拿出"不入虎穴，焉得虎子"的勇气干起来。两年的风吹雨打，自己也从一家直销店发展到五家，年收入均在百万以上。他在接受采访时说："你说，在我国现有直销状况下，能有百分之百成功的把握吗？肯定没有！只是自己比别人大胆一点，敢于尝试去做，还真成功了。"

理由四：没有成功的经验

经验来自不断地摸索与集累，绝对没有哪一位仁人志士天生下来就什么都懂、什么都会。这一朴实的道理几乎人人都懂。可面对创业时，却有相当多的人在这方面犯迷糊。纪先生现是一鞋业集团的老板，资产逾亿。他在谈到创业的体会时说："十年前，我开始涉足运动鞋。当时，我根本不知道会有今天的规模。只是觉得，人人都要穿鞋子，世界如此之大，市场应该不会小。"于是，自己贷款办鞋厂。从中底起步，贴牌生产，边走边看，边做边改，日集月累，自己便从门外汉成为这一领域的专家。他不赞同"经验说"，认为那是创业者的脚镣手铐，是懦夫与失败者的理由。

理由五：市场竞争太激烈

"要说竞争，在这个社会，没有哪一行哪一业没有竞争的了。可因为有竞争，才使企业发展更加快速，社会发展才会多元化。但如果希望在风平浪静的日子获得创业的成功，也许只有梦中才存在。"从事顾问服务的金宏文化传播公司总裁邹先生认为，创业者就必须到社会的浪潮中接受洗礼。只有竞争过才会知道自己与对手的差距、自己对市场认识的不足。他坦言，自己所从事的顾问服务，吃这碗饭的人，早已多于牛毛。一台计算机一部手机就能办公的事实早已人人皆知。鱼龙混杂是当前顾问咨询行业的真实写照。因为自己始终坚持"唯精唯一、专业执著"的经营之道，在竞争白热化的顾问咨询服务行业还是站稳了脚跟，赢得了顾客青睐。

综 合 测 试

一、测一测

1.（   ）是我们理想与事业存在的实际价值，脱离了它的创业理想没有任何意义。

    A．实现自己的社会地位　　　B．拥有权力

    C．赚钱　　　　　　　　　　D．满足特定对象的真实需求

2.（   ）是创业理想得到实现最重要的过程性保障，是创业者必须具备的素质之一。

    A．拥有一定的资金　　　　　B．长期且持续的努力

    C．把握有利的创业机会　　　D．拥有一个和谐的家庭

3．以下有助于创业者克服和迎接创业过程中的困难与挑战的选项是（   ）。

    A．发现问题与解决问题的能力

    B．有利的外部条件支持

    C．吃苦耐劳的精神

    D．消极悲观的人生态度

二、练一练

给自己设定创业素质提升目标，用长期且持续的努力状态去实现它。

第十七课

从无到有产生项目

【案例导入】

创业灵感来源于一双袜子

小张是热爱体育的一名学生，他发现和他在一起玩的男同学的袜子和鞋损耗比较大，一双袜子穿不了几次就破了。大多数同学要频繁地买袜子，而且一次买很多双。看到这种现象，小张在想"为什么我不卖袜子呢？既方便了大家，自己又可以通过劳动换取一定收入，这样的话就可以不用向家里索要生活费了。同时，也能丰富自己的社会经验。"

于是，小张根据同学们的实际需求从批发市场批发了各种面料和款式的袜子，课余时间小张就带着自己的袜子在学生宿舍挨门推销。他的做法有赞誉声也有反对声，但是，他依然坚持自己的想法，他认为这才是真正的锻炼自己。一个月过去了，小张开始计算自己的成本收益，扣掉进货的成本，得到的利润已经完全能够支撑自己的日常花销，小张更有信心了。

袜子生意做得是风风火火，在有的同学眼里这是不务正业，也有的同学想与小张一起干，就这样，小张的生意有了很多合作者。

在推销袜子的过程中，小张又发现，大家还需要袜子之外更多的物品类别，并且，也可以将服务的消费群体拓展至校外。在积累了一定的资金后，小张在学校附近的市场开设了一家体育用品摊位。在原有的销售模式持续运作的同时，小张购进了相应的运动器材和辅助工具，满足学生们的运动需求，同时，将销售对象也拓展到了社会上的需求群体，实现了一次大步的跨越。

在小张毕业的那年，他已是一家体育用品店的总经理了。

【议一议】

1. 你认为小张能做到今天的情况源自于他的什么习惯与素质？

2. 创业是从无到有的过程，小张从无到有的过程主要把握到了什么？

> 未来五年内，是芝麻开门的创业时代，如果能抓住创业机遇，前途将不可限量。从无序到有序也是创新，通过整合产生的创新就是创业机遇。
>
> ——陈天桥

活 动 体 验

创新大挑战

【活动目的】

体验创新的乐趣，学会运用创新工具。

【活动时间】

30分钟。

【活动道具】

《海底捞的服务》视频、大白纸、马克笔。

【活动步骤】

1. 播放视频《海底捞的服务》，分析其中的创新点（创业的创新点不在"大"，而在于客户的需求和我的与别人的不一样）。把它记录在大白纸上，小组派代表分享。

2. 找出生活中的其他创新案例（如苹果公司），他们的卖点和创新点在哪里？把它记录在大白纸上，小组派代表分享。

3. 每小组设计一个在校园里创业的卖点。

【体验分享】

苹果公司致力于让用户的感受应用放大到极致；海尔让人们体验优质的质量与服务；海底捞让人们感受超越期待的服务；肯德基带来的是快乐、便捷、干净……如果我们创业，我们会带给客户什么呢？

探 究 明 理

📖 从一个点子找到一条出路

我们每天都在为生存而奔波，都在渴望着一个好机会降临在自己身上，让自己的职业生涯有更好的发展。然而，这些机会就存在于我们身边的诸多事情当中，只是未被发现而已，我们需要养成善于观察和思考的习惯，从周围的所有事物中发现潜藏的机会，通过这些机会点的关联性找到通往实现事业理想之门。

小张的创业经历就是最好的说明，他就是通过身边的一个现象产生了一个创业的点子，通过卖袜子的创业小项目找到了实现自己人生理想的一条路。

创业项目的产生是一个从无到有的过程，如同种下一棵树苗，经过精心栽培，享受的是参天大树带来的阴凉。最初的创业思考都是从一个"点"生发而来，与这个点相关的是无数的点，有序进行排列的"点"是一条线，这条"线"便形成了一条出路，"线"多了也就有了平面的存在。从一个"点"生发找到出路，由更多的出路为我们提供规模化的平面或立体布局，这就是生存为因，"点"为起点的创业过程。这个"点""线""面"之间的关系不正是我们创业过程的真实写照吗？

案例："异想国餐馆"

在西南大学里有一家名叫"异想国餐馆"的小店，小店专门给学校的学生供应包子，生意异常火爆。而没有想到的是，这家包子店的老板却是该校工商管理系大二的两名学生。

记者来到这家"异想国餐馆"找到了 20 岁的李铭智。他称，包子店是他和同学卿应盆合伙开的。产生开店的想法是在大二上学期，学校食堂九点就关门了，同学们晚上饿了就只能吃方便面。其实，同学们并不喜欢总吃方便面，因为没有其他可供充饥的食物，时间长了对身体肯定是有害的。

看到这种现象，李铭智思索着解决这个问题的途径，他想到，自己如果能给同学们提供热腾腾的包子，问题不就解决了。所以，一天晚上，李铭智在寝室里开玩笑说，要是一元钱买 3 个包子，有人要吃不？结果寝室的同学都异口同声地回答要吃。这时的李铭智感到自己卖包子的想法是有市场的。

第二天他就找到卿应盆，两人一拍即合，决定在校园里做包子生意。最初，两人是从校外的小吃街买进包子到寝室里推销。几周下来，虽然包子总能销售一空，但是，李铭智觉得小吃街的包子皮太厚馅太少。为了满足同学们饭量大的需求量，并且让同学们吃上质量更好的包子，他们就决定自己在校内开店，加工销售一体化。

虽然两人的家庭都不富裕，但他们将开包子店的想法给家里人说了以后，家里人觉得这是一件很有意义的事情，孩子既能在实践的过程中得到锻炼，又能解决同学们在九点以后的吃饭问题，是一个非常健康的事业，所以，他们的举动得到了家人的大力支持。在家人的资助下，两人在校内承包了一间小屋，又在人才市场找来了一名师傅，包子店就开业了。

随后，他们又请学生打短工。每天做的数千个包子都能卖完，很受同学们的欢迎，同学们都认为他们的包子物美价廉。现在的李铭智正设想着自己包子店的未来，让更多的人都能吃上自己的包子。

【议一议】

1. 学校里有那么多同学，为什么就李铭智和卿应盆会做出卖包子的举动？

2. 仔细观察你身边的校园事件，是否也能发现潜藏的机会呢？

经常听朋友抱怨说现在生意难做，为找好项目而伤透脑筋。一位朋友讲了个案例，让我们意识到，做生意难的不是没有项目，而是发现不了项目。

有个朋友做的是澡巾。说起澡巾，市面上到处都是，价格从一元到十几元的都有，按说这个市场已经饱和，那为什么还要选择这个产品来做呢？

他们做的澡巾是市面上没有的，属于免搓澡巾。市面上的澡巾搓用的时候弄得皮肤很疼，他们做的这个澡巾不同于市面上的澡巾，用他们的免搓澡巾，减少了对皮肤的伤害，而且还能很轻松的洗去身上的污垢。他们做这个生意的火爆程度，你也许想象不到。从早晨起床到凌晨 2 点，都有人从网上拍，每天的货单都有好几沓。

他们能够把生意做好，不仅仅是会做生意，更重要的是他们善于发现市场，善于发现隐藏在生活中的不普通之处。其实，做生意找项目不是那么遥不可及，只要你善于观察生活，随处留心，商机就会出现。

📖 创新点不在"大"而在准

小张的校园创业是从卖袜子的小项目开始的，李铭智的校园创业是从校园卖包子的小项目开始的。他们的实践证明，创业的创新点并不在"大"，而在"准"！需要我们能够充分考虑现有资源与能力的有限性，在有限的条件下做出创业的选择。同时，他们的创业小故事也都有一个共同点，他们的创新点都是通过仔细观察身边的各种现象，从现象引发思考，在思考中找到需求，从需求中产生创新，所以，他们的创新点都准确地找到了需求支撑。

下面案例中的"种野花"就是一个通过小项目成就大事业的故事。

案例：野花花店

21 岁的张毓一毕业就当了一名导游小姐，一次带团去海南时，因为食物中毒差点送了命，所以她辞去原来的工作，在一家书店做售货员。2001 年 3 月，张毓利用周末时间回到乡下老家。她在山上采摘了很多野花，回城之后，张毓的朋友们都很喜欢这些野花，还给她们每人送了几枝。

其中的一个叫李霞的朋友在花店上班，她拿了一束花，决定到花店里试着卖一下。让张毓没有想到的是，第二天刚下班，李霞就兴冲冲地跑来找她，说那束野花下午被一个女孩买走了，而且还说以后要经常来买。

张毓听到这个消息以后，心里突然感觉到机会来了。周末，她约李霞一起去采野花。回城之后，她带着采来的野花到各个花店开展推销调研，观察市场上花的品种与样式，与花店的工作人员沟通，了解行业内人士的看法。效果很不错，采来的野花在当天都卖完了，而且很受市场欢迎。

通过调研，张毓感觉野花很有市场，于是，果断地辞去了书店售货员的工作，选择卖野花的创业之路。要把野花的生意长期做下去，只能自己种植野花，然后再定期卖给花店。通过详细调研认准市场的她坚持自己的想法，她把父亲的苗圃进行了扩大和改造，把原来只有一两亩地的苗圃扩大成了五六亩地。她从山上移植来了不少木本野生植物，同时也采集了一些野花的花种进行播种。

野花的种植需要大量的野花种子，她虽然发动父母一起采集野花种子，但还是不够。于是，她就在村里打出了收购野花花种和野花幼苗的广告，很快张毓就采集了很多花种，挖来了很多野生花草。几个月后，种植园里开满了野菊花、小紫罗兰、蒲公英、白头翁、开口箭等野花。

她还订做了一些塑料包装纸，把野花按照不同的花色搭配包装好，到西安各家花店进行推销。通过这种方式，张毓先把花放到十几家花店里让别人捎带着卖，如果能卖掉再打电话找她进货，很多店主都是带着疑惑的目光收了她的花。让张毓喜出望外的是，花刚放出去不久，她就接到了电话，这些野花很受年轻人的欢迎。后来，她和花店签订供货合同，定期给花店供货，打开了自己的野花市场，也赢得了村里人的一片赞誉之声。

【议一议】

张毓是凭着什么把别人不看好的野花项目做得风生水起呢？

每个创业者在做出创业选择之前，首先必须认识自己，对自己进行客观评价和分析，找到自己的优势与不足，熟知自己当下为创业活动所掌握的资源情况，在有限的资源和能力范围内做出正确的创业选择，而不是一味地追求"大"的创业项目，只是需要找到适合自己的就是最好的。

其次，无论项目的大或小，都是从身边的现象中产生，因为现象引发我们思考，思考如何通过满足需求来解决现有问题。所以，创新点都需要有针对性的、准确的满足特定对象需求的能力，这样的创业项目才有存在的价值，才有发展的潜力和市场。

📖 培养发现问题满足需求的习惯

在社会上生存需要有丰富的经验与资源，很多学生由于缺少必要的生存适应能力，就容易在现实的生存环境下碰壁。这就需要充分利用在校学习的时间，利用各种途径，捕获和搜集身边各式各样的有效信息，发现这些信息中蕴藏的诸多就业与创业机会。现在我们需要积极地开展工作实践，善于观察身边的人和事，发现问题，满足需求，在实践中提升自我能力，在满足需求的过程中找到我们要创的"业"。

开创自己的事业首先是要找到创业的创新点，寻找创新点不是一件容易的事，但也不是高不可攀，关键还在于我们是否具有透过现象发现深层次问题，从问题中找到需求，再通过需求找出解决方案的思维习惯。

本课中卖袜子的小张就是通过对周围环境的关心发现了给同学卖袜子的创新点，从现象找到需求，通过卖袜子打开了自己的事业之路。创业项目存在的价值就是解决特定问题，满足特定对象的需求。平日里针对生活现象思考，针对生活现象发现需求，让我们在实践中得到思维能力的提升和习惯的养成。具备了这种能力与习惯，我们也就拥有了一双识别创业机会的慧眼，才能成功地捕获创业的创新点。

案例：牛仔裤的发明

美国的李维斯是我们今天到处都可以看到的牛仔裤发明人，他发明的牛仔裤因兼备实用与时尚双重特性而受到全球消费者的广泛欢迎。

当初他跟着一大批人去西部淘金，途中一条大河拦住了去路，许多人感到愤怒，但李维斯却说"棒极了!"他设法租了一条船给想过河的人摆渡，结果赚了不少钱。不久摆渡的生意被人抢走了，李维斯又说"棒极了!"因为采矿出汗很多饮用水很紧张，于是别人采矿他卖水，又赚了不少钱。

后来卖水的生意又被抢走了，李维斯又说"棒极了!"因为采矿时工人跪在地上，裤子的膝盖部分特别容易磨破，而矿区里却有许多被人掉弃的帆布帐篷，李维斯就把这些旧帐篷收集起来洗干净，做成裤子销量很好，"牛仔裤"就是这样诞生的。

【议一议】

为什么李维斯总能通过一个普通现象发现创业所需的创新点呢? 我们怎么做才能像李

维斯一样成为具有创新能力的人？

　　李维斯将问题当作机会，最终实现了致富梦想，得益于他有一种善于发现问题、解决问题、发现需求、满足需求的思维习惯。就是这种思维习惯让李维斯成为一个极具创新精神的创业者。

　　实现创业目标之前，我们都是从一个"点"开始的，是否能够发现和准确地把握创业的创新点，取决于我们的日常生活与思维习惯，需要我们在日常生活当中多观察，透过生活现象发现深层次问题，再由问题衍生需求，通过满足需求解决问题。

【拓展训练】

五个为什么

【活动目的】

　　培养学生透过现象发现深层次问题，再由问题衍生需求，通过满足需求解决问题的思维习惯。

【活动时间】

　　30分钟。

【活动道具】

　　白板，白板笔。

【活动步骤】

　　1. 老师在班级里选出十名同学参加活动，其代号分别为：现象1、现象2、为什么1、为什么2、为什么3、为什么4、为什么5、创业1、创业2、创业3。

　　2. 让"现象1"和"现象2"分别举出一个自己身边的真实现象，表述清楚。

　　3. 让"为什么1"给出产生现象的第一个原因，"为什么2"在第一个原因的基础上给出第二个原因，依次类推，直至"为什么5"给出最终原因。如果"为什么5"未能给出最终原因可继续向下追问。

　　4. 针对产生现象的最终原因，"创业1"、"创业2"、"创业3"分别给出自己的解决办法。最后，选择出最好的一种解决办法作为创业的创新点。

【体验分享】

　　1. 通过"五个为什么"的体验活动，你是否认为自己身边的各种现象都有着深层次的原因，而这些原因中是否蕴藏着我们创业的创新点？

　　2. 你认为透过现象发现深层次问题，再由问题衍生需求，通过满足需求解决问题的思维习惯对实现我们的创业理想重要吗？为什么？

【延伸阅读】

创业的十个步骤

一、怎样寻找创业模式

想要创业，创业者首先就要有自己的理想，然后要有一个好点子和好项目，再从构想开始，考虑怎么样组成一个团队，怎样把这个公司发展成为一个完整的公司，怎样预见公司的发展前景，确定公司的发展方向。

二、怎样确立创业目标

赚钱是重要的目标，但并不是唯一的目标，因为创业本身应该有理念，理念会带动很多新的产品创意和实践冲动。

三、怎样制订创业原则

在创立公司的时候，你不应该一直想着什么时候能收到成果。今天还没有赚钱，明天会不会赚钱？面对非常艰苦的工作，你会感到不愉快。第一次创业，创业者赚钱的期望会比较高，第二次创业就不会这样了。但每一次创业都需要用热情去支撑。

四、怎样规划创业步骤

这是一个循环的过程。首先要看创意从哪里来？怎么会有这个创意？资金怎么找？怎么组织一个团队？产品的市场行销怎么做？这个产品做完了，你会不会还想做？如此周而复始。

五、怎样创造创业条件

创业时，不一定要有一个很重大的发明，重要的是你所做的东西，在市场上会不会成功？然后要考虑市场上需求怎么样？自己的能力是什么？最后再把这些都结合起来。

六、怎样确定创业期限

一个很大的公司，至少要花三年五年才能做出来，时间太长，风险也大，因为市场是不断变化和发展的。因此创业最好以两年为准，要想办法在两年内把产品做到最好。

七、怎样处理与投资人的关系

很多创业者觉得，自己占这个公司的股份应该是 99%，投资人应该是 1%。这种想法对风险投资来讲是不对的。通常创业者与投资人最好各占一半股权。创业者去找投资，一半的股权要交给投资人，以后如果需要更多投资的话，创业者在公司持有的股份会越来越少，但这并不表示你拥有的钱越来越少，因为公司的价值会越来越高。

八、怎样产生好创意

一个很好的创意，在市场上并不一定有价值。从经验来判断，任何好创意都已经有很多人想过了，重要的是在好创意里面，是否包含着市场需求。

九、怎样组织好的团队

在组建团队时，很多人认为要把最好的人才都网罗起来。事实上创业团队简单一点，朴素一点，每个人不一定都很强，只要能凝聚起来，就是一个非常好的团队。

十、怎样选择风险投资商

首先，确定好各自的股份占多少；其次，选择能够跟你一起同甘共苦的风险投资商；最后，要找有很大影响力的风险投资商，借助他们的经验和力量。

综 合 测 试

一、测一测

1. 创业的创新点不在大，在于（　　　）。

    A. 良好的思维习惯

    B. 方向的准确性

    C. 自身能力的高低

    D. 是否具有创业家的素质

2. 以下有助于我们发现并成功捕获创业机会的选项是（　　　）。

    A. 埋头苦干

    B. 不对表面现象进行深入思考

    C. 总认为身边的各种现象与自己无关

    D. 发现问题后用满足需求的方式使问题得到有效解决的思维习惯

3. 以下选项属于社会实践的是（　　　）。

    A. 上课认真听讲

    B. 在校园里开展创业小项目

    C. 参加学校组织的企业实习活动

    D. 勤工俭学

二、练一练

观察身边的一个现象，针对现象的产生给自己提出五个为什么。

第十八课

起始创业必备的基本功

【案例导入】

从小贩到菜农

"小蔡你天生卖菜的吧？"小蔡做起蔬菜的生意是源于同学们的一句玩笑。

有一天吃饭，他说厨师没有把西红柿的味炒出来。于是，同学就和他说："你要觉得我们的菜不好，干脆去卖菜吧。"

这时是二年级的暑假，他没有回家，真的去尝试卖菜。那天他早上三点就到了蔬菜批发市场，他买菜不是为了赚钱，就是为了试试自己的能力。他挑的菜都是自己喜欢的最新鲜的菜，根据自己的力量他一共进了三种菜50斤。他把菜摆到了早市的路边，先问问别人是什么价格，又把自己来回花的车票算上，只要不赔就卖。他的菜比别人的好，价格又便宜一角两角的，很快就卖完了。这样算下来一天就可以赚将近20块钱。

小蔡干了半个月后，同学不再小看小蔡了，有两个同学愿意和他一起干。两个月后，他和学校的食堂谈好，由他来供应菜。与此同时，还有两个规模不小的酒楼也从小蔡这里进货。半年之后，他的菜的需求源源不断，但菜农总不合格。他就开始和菜农合作，给他们提标准，否则不要，菜农非常看好小蔡这样的大客户。再后来，他发现菜农的种菜技术有待提高，索性就租下了两个大棚专门种高质量的菜。

他没想到，自己从摆摊到批发，从订单到种菜在短短的一年期间就完成了。当然，这也有家里人的支持，有朋友的鼓励。他觉得他能做得更好。

【议一议】

1. 小蔡开始卖菜后，需求在不断地变化，而他自己的生意也为了适应需求而变化着。你认为，他的应变能力源于他在生活中的哪些积累？

2. 你是如何理解"生活中处处都有创业商机"这句话的？

> 不要说没体力，不要说对手肘子硬，不要说球太滑，你只需做好基本功。
>
> ——李宁

活 动 体 验

商业计划书

【活动目的】

掌握编写商业计划书的基本要求，认识创业活动所涉及的各项机能模块。

【活动时间】

30分钟。

【活动道具】

互联网、纸、笔。

【活动步骤】

1. 老师对活动规则进行介绍与解读，加深同学们对活动目的与活动要求的理解。

2. 找寻与自己所学专业相关的创业项目，或者从自己生活的环境中寻找创业项目，建议最好选择与自己所学专业相关的创业项目。

3. 在互联网上搜索商业计划书的模板与范例，了解并掌握商业计划书编写的基本要求，认识和理解创业活动所涉及的必要的机能模块及各项模块的内涵与重要性。

4. 针对创业项目编写商业计划书。

5. 老师对同学们的商业计划书进行批阅，在班级里让优秀的同学进行分享与讨论，对不足之处进行指导与完善，总结活动要义，进一步提升活动成效。

【体验分享】

同学在课前准备，在课上分享商业计划书的写作感想和内容。

1. 你在撰写商业计划书的过程中有哪些收获？还有什么问题？

2. 你对商业计划书所涉及创业项目的相关模块是如何理解的？各个模块的功能是什么？在现实的创业实践过程中，你觉得还需要参与者做哪些投入？

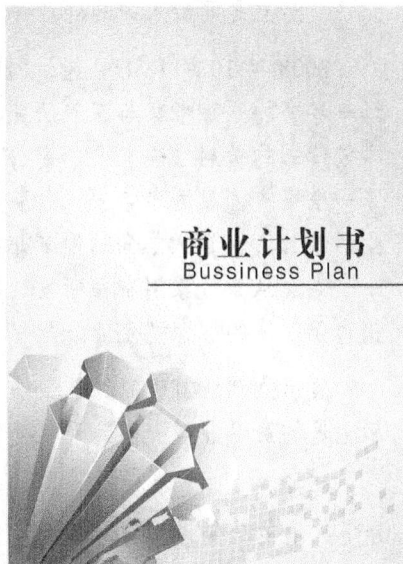

探 究 明 理

📖 通盘考虑方能发展

创业项目犹如一个有机的整体，一个问题牵扯很多因素。在创业实践过程，众多因素需要有效地配合与联动。正如课前案例中的小蔡，遇到一个问题就需要启动更多的要素来解决。在解决这个问题时，既要注意平衡也要找到动力。如果动力不足，可能创业行为会半途而废；而平衡没有注意好，就会给创业造成很大的阻力。

一个人的创业实践发展到一群人合作的创业行为，形成一个创业实体需要注意更多的方面，需要关注到商业计划书中的一些机能模块，如产品资源获取模块、资源处理加工模块、产品交付模块、质量管理模块、收入与成本支出的记账核算模块、团队的组织与运作管理模块等。这些模块的每一项都是创业项目前行中必不可少的，只有这些模块的有效配合与联动才能找到前进中的平衡与动力，否则，就如同依靠齿轮传动的钟表一样，任何一个齿轮的缺失或故障都将导致整个机制的瘫痪，创业项目同样如此。

案例：从老板到员工——创业的再积累

黄启立是同龄人中的创业先行者，而他却放弃了自己的第一次创业。

2008 年 10 月 18 日，经过对国内市场一年多的跟踪考察与深入研究，还在学校读书的黄启立成立了一家公司，起了一个很有创意的名字——"萨尼天气生活馆"，心怀远大志向的他梦想打造出一个专业从事气象消费品研发、制造、销售于一体的综合型企业。

黄启立创业前研究过不少创业失败的案例，市场调研也做得很仔细，他的目标很明确，希望他的商品能减少因为天气变化给日常生活带来的不变，提供个性化定制服务。

头看天，脚必须落地。他一开始以出售跟天气变化有关的商品，如雨伞、雨靴、太阳镜等。他的店铺设计非常精巧，色彩炫目，一开始就吸引了不少白领。通过实体店铺、邮购及网购三者结合的运营模式，经营不到两个月，商店的营业额就超过了两万元。

这样的经营成绩并不是他一人的功劳，在他的背后，有导师的帮助和一支优秀团队的支持。然而，经营不到一年后，黄启立决定暂停经营。别人或许都不理解他的做法。有团队、有人支持、模式创新、开头销售也不错，这对很多创业者来说是一个很不错的开始，为什么要暂停经营呢？黄启立心里有着自己的原因。

在实践操作的时候，黄启立才发现，市场的脾气还是没摸透，公司从一开始就偏离了原来的定位，最后变成了一个小百货的销售店，同时，又没有进货的渠道优势，之前希望能够为个人定制"气候用品"的想法根本就没办法操作。

仔细总结后，他清楚地认识到其实是在开始的时候把目标顾客定的太狭隘了，以至于后来出现定位模糊等一系列问题。此外，由于自己急于求成，又在经验、资金等方面存在不足，要达到连锁经营是步履维艰。

如今，黄启立已在宁波的一家销售公司工作四个月了，他对这份工作充满热情，并做到了商场主管。黄启立说："我想先在这里历练一段时间，等到时机成熟了再继续我的创业之路。"失败过一次，才会更小心，无畏是好事，但无知无畏却不一定是好事。创业之前必须做好充足的准备，包括资金、经验、人脉等，要熟悉公司的运作模式，处理好各个方面的联动配合。创业的过程犹如一个机器人在走路，任何一个部件出现问题都会导致系统性的整体瘫痪。

现在的他在为自己的下一次创业做准备，相信他的下一次创业会走的稳健，最终得到市场的认可。

【议一议】

1. 黄启立主动停止创业是明智之举，他的创业实践给我们什么样的启示？

2. 如果你从头做这个项目，你将怎么去准备？

📖 起始创业的关键三要素

创业项目需要每一个功能模块的相互联动与配合，在有效配合与联动的过程中找到自我的发展平衡与动力。那么，哪些模块在创业项目运作过程起着更加关键的作用呢？

首先，创业的过程是一个收入与支出不断循环的过程，在循环的过程中实现自我增值，只有不断的自我增值才能得到发展，所以，日常收入与成本支出记录与核算则显得尤为重要，只有通过记录核算工作详细地了解收入与成本支出之间的关系，我们才能提升成本节约意识，才能在创业项目前进过程中做出更加准确的决策。

其次，创业项目存在的价值是满足特定群体的现实需求，否则将失去存在的意义。需求群体都期望在消费的过程中能够物超所值，反之，如果需求群体通过消费获得的产品是无法正常使用的，或者在使用了很短的时间就损坏变成了废品，他能够满意吗？如果消费者不满意，创业项目也就失去了市场基础，更谈不上长远发展。所以，我们需要增强质量认知，在创业过程进行有效管控。

最后，我们必须清晰创业组织的基本运作体系，设计出有效的产品交付方式与内部运作流程，实现内部的良性循环，内部与外部的有效互动与对接。只有这样，创业项目才能获取长远发展的基础条件。

案例：李小丁初次创业的失败

2004 年中旬，李小丁曾因为第一个享受到学生创业优惠政策而名噪一时。李小丁从学校毕业后，在人才市场找了一份不错的工作。可是工作不久，他发现实际工作与自己所学的数字传媒专业有相当大的差距，于是萌生了自己创业的念头。在开始创业的第一步，当时面临最大的问题是启动资金，在征得母亲同意后，用自家住房卖了 20 万元作为第一笔启动资金，成立了一家从事计算机培训和网上笔记本销售业务的公司。

创业初期，李小丁认为低价营销是竞争初期最有效的武器，他就把计算机培训课程价格定为 50 元/半个月，学员每天可以上机练习，还免费获得一本教材。一开始反响不错，生源也很可观，很快就在当地的计算机培训领域渐渐闯出了名气，不久还开办了一家分公司。扣除成本后赚的钱并不多，但他总算有了自己创业的开始，也就在这个开始之后，问题就接连不断地出现了。

当公司各项工作深入进行下去的时候，李小丁发现自己开始有些掌握不了局面，各种细节上的差错会因为问题无法及时得到解决而迅速膨胀。例如，笔记本销售业务出现了和快递公司在物流协调上的一些问题，如提货地点、交货时间、售后服务等。在培训业务中同样如此，需要调配好每批学生和每个老师的课时、教学质量信息反馈等。

实践证明，当其中任何一个环节出现了问题，后面就会出现一连串的问题。没有创业当然感受不到这些，做了老板，就必须要考虑所有的细节。对于一个小公司来说，声誉一旦在业内坏了，以后就别想在吃这口饭了。遗憾的是，当李小丁意识到这些问题的时候，公司的业绩已经开始下滑了。

李小丁在经营过程中发现，有一项工作是非常必要而且很关键的，那就是学会控制成本。房租、设备更新、水电费用、广告投入、教材成本、人力资源成本等，没有经验是很难做好的。如果控制不好，大量的开支会拖垮刚刚起步的公司。以打电话为例，固话月租 35 元，为了控制这个成本，他全部改用了当时流行的小灵通，这样每月可以节省不少钱。

有一个问题李小丁是这样描述的："还有一个更重要的问题是，我发现工作中出现了一些和先前市场调研不一致的地方。"因市场调研不到位导致的问题如下。

（1）当地的计算机市场主要集中在各大高校周围，为了避开竞争，他选择了商业中心繁华地带，导致成本过高。

（2）目前，当地的此类培训定价为每门课 200～350 元，根据所选课程不同略有差异。但他的定价太低，无法满足资金的需求。

（3）生源定为在校学生和充电的白领，主要是到校园和写字楼宣传。后来他发现生源很不稳定，主要原因是没有了解到部分客户的真实需要，没有颁发资格证书的权利，宣传力度不够，距离院校较远。

从李小丁创业失败的故事中，我们不难看出，创业不仅要有一股冲动，还需要有很大的勇气，更需要具备很多的条件。对刚起步的公司来说，失败有着诸多的原因，如管理不善、流程不清、资金不足、成本控制不力、质量意识淡薄、业绩不佳等。其中成本控制不力，质量成效针对的市场需求点不够准确，及内外运作流程不够清晰，通常是导致创业失败的重要原因。

【议一议】

李小丁在经历了初次创业的失败后，你认为什么原因是造成他失败的关键？你又是如何看待他创业失败的关键原因的？

逐步打造创业基本功

日常生活的点滴过程也是一个创业的过程。因为创业者所必须具备的成本意识、做事成效以及做事的流程配合习惯等，都可以来自于日常生活的培养与积累。作为即将进入社会的"准职业人"，我们需要在日常的校园生活中逐步地培养自己，对自己的日常开销进行记录，处理身边的各项事务，培养流程化的管控习惯及结果导向性的质量成效，在校园生活中逐步打造创业必备的基本功。

案例：张江的两次创业

张江是应届毕业生，却已是两家公司的老板。他的故事在每个人看来可能都觉得不可思议，但是，这个事实确实存在。

在同学们走出校园为一张来自职场 offer 愁容满面的时候，张江却在忙着规划自己名下的两家公司如何取得更好的业绩。在很多同学眼中，他是一个不折不扣的创业奇才。那么，张江又是如何做到的呢？

日常生活当中，由于张江喜欢武术，所以，练就了他阳刚、外向的性格，在高考毕业那年，他利用仅有的两个月时间开办了完全属于自己的武术培训班，成功的招收了 28 个学生。在开设武术培训班的过程中，他既是老板又是教练，既是后勤又是会计，既是公关又做市场，真可谓集多职于一身。

也就是通过这次武术培训班的开设，让张江赚取一定收入的同时，培养了他创业所需的基本素质与能力。他把这份收入看成是自己人生创业过程中的第一桶金，虽然并不多，但是他还是把钱攒到了，并打算将攒到钱用在下一次的创业项目上。

据现在的他描述，经过第一次小的创业后，他觉得自己变了，变得不乱花钱了，做事情也变得越来越有条理。虽然只是一次小小的创业，但是，在与客户的交往过程中，他学会了如何去了解客户的需求，也学会了如何去化解客户心中的疑虑等，他认为开设武术培训班给自己带来的价值，并不是自己从中所获取的金钱上的回报，而是自己在适应社会和了解社会方面获得的收获，创业能力与素质的提高更是为他日后的创业活动奠定了一定的基础。

高中毕业后，张江认为市场营销专业能给他未来的创业活动提供更大的帮助，所以他选择了一个注重实践的市场营销专业。也就是在学习专业课程的过程中，他一边学习一边实践，逐步在校园里展开了他的创业活动，也就是在校园的创业过程中，他的两个公司逐渐成型了。

张江的第一个公司是这样成立的：

他留意到一种可以印上个性化照片的水杯，很受年轻人的追捧。张江果断出手，用自己开办武术培训班的收入从网上购进杯子，又到北京采购了印刷设备，学习印刷技术，并学习和了解创办公司的具体流程与相关要求，成立了他的第一家工艺品有限公司。成立之初，由于张江没有找到有效的销售方法，经营一度陷入了困境，他四处取经，后来，他发现销售渠道就在自己的身边，他充分利用自己的身边条件，设计出了营销策略，他通过老师免费试用做推广，通过校内 QQ 群打广告，很快，他的个性化杯子在学校里传开了，为他打通了一条重要的销售渠道，为他的工艺品公司开拓了一个相对稳定的市场。

张江的第二个公司：

工艺品公司在经营一段时间以后，各项工作逐步地进入正常化运转状态，所以，他将工艺品销售业务委托给他人，自己持着"干股"开始寻觅再次创业。在校园的日常生活中，他认为同学们有时候忙于备考或赶上课时间而没有更多的时间去吃一顿饭，快餐会是他们不错的选择。他经过精心调研和选址，对自己的资金状况进行有效核算后，在校内开起了一家快餐店。由于经营效益非常不错，他将自己的快餐小店逐步办成了一家快餐服务公司。

谈起张江现在的成就，他总是会说到自己的校园时光，他认为校园的实践生活改变了他的命运，在校园逐步培养了自己创业的相关能力与素质，和同年级的同学比较，他自信地说："在他们正在寻找如何创业的方法，提升自己创业能力与素质的时候，我早已经成为一个成熟的创业者了，可以说，我做到了一步领先，他们做的事步步难赶！"

【议一议】

你认为张江创业成功的关键是什么？他的成功是否给我们的校园生活产生了一些启迪呢？

作为校园时期"准职业人"，我们需要不断地为将来的职业生活做相应的准备，从日常生活的点滴做起，培养自己对创业项目各机能模块的认知与管理，为自己未来的职业生活打好基础，为创业活动练好基本功。

拓 展 训 练

做个理财小管家

【活动目的】

培养学生的成本认知与节约意识，能够对自己当下的日常开销进行有效管理，提高收支计划性和管理能力。

【活动时间】

一个月。

【活动道具】

纸、笔。

【活动步骤】

1. 每位学生对自己的日常开销进行长达一个月的持续记录，记录过程需注明每笔开销事项的时间、名称、用途，并说明每笔开销的意义和必要性。（每日进行）

2. 进行社会生存实践的调研活动，调研三位以上的职业人，调研并记录他们每个月的收入来源途径、收入水平及日常开销内容。对调研结果进行收支对比，分析生存现状，提出自己更好的收支管理建议。（与第一步同时进行）

3. 一个月后，对自己的日常开销进行各类汇总分析，分类显示自己的各项开销金额，再次对各项开销的必要性进行评估。

4. 进行活动总结，依照自己的月度开销情况评估结果，制订下一个月的开销计划（月度计划，日计划）。将自己与社会调研结果进行对比，预算自己进入社会后的收支情况，减少不必要的开销项目，进行有效计划。

【体验分享】

1. 你是否对自己的日常开销成本和开销的必要性有了更深的认识？你是否能在成本节约的思想指导下避免不必要的开销呢？

2. 你对自己走向社会后的收支情况是否具备了一定的计划和管理能力呢？如果没有，你又该怎么做呢？

【延伸阅读】

创立公司的基本流程

一、选择公司的形式

普通的有限责任公司，最低注册资金 3 万元，需要两个（或以上）股东，从 2006 年 1 月起新的公司法规定，允许一个股东注册有限责任公司，这种特殊的有限责任公司又称"一人有限公司"（但公司名称中不会有"一人"字样，执照上会注明"自然人独资"）。

如果你和朋友、家人合伙投资创业，可选择普通的有限公司，最低注册资金 3 万元；如果只有你一个人作为股东，则选择一人有限公司，最低注册资金 10 万元。

二、注册公司的步骤

1. 核名

创办人到工商局去领取一张"企业（字号）名称预先核准申请表"，填写你准备创办的公司名称，由工商局上网（工商局内部网）检索是否有重名，如果没有重名，工商局就会核发一张"企业（字号）名称预先核准通知书"。

2. 租房

需要到专门的写字楼租一间办公室，如果你自己有厂房或者办公室也可以，有的地方不允许在居民楼里办公。租房后要签订租房合同，并让房东提供房产证的复印件。签订好租房合同后，还要到税务局去买印花税，按年租金的千分之一的税率购买。例如，你的房租是每年 1 万元，那就要买 10 元的印花税，贴在房租合同的首页，后面凡是需要用到租房合同的地方，都需要是贴了印花税的合同复印件。

3. 编写"公司章程"

可以在工商局网站下载"公司章程"的样本，依照样本进行编写。公司章程的最后由所有股东签名。

4. 刻私章

到任何一个刻章的地方刻一个企业法人用的方形私章。

5. 到会计师事务所领取"银行询征函"

联系一家会计师事务所，领取一张"银行询征函"（必须是原件，会计师事务所盖鲜章）。

6. 去银行开立公司验资户

所有股东带上自己入股的那一部分钱到银行，带上公司章程、工商局发的核名通知、法人代表的私章、身份证、用于验资的钱、空白询征函表格，到银行去开立公司账户，要告知清楚银行是开验资户。开立好公司账户后，各个股东按自己出资额向公司账户中存入相应的钱。

银行会发给每个股东缴款单，并在询征函上盖银行的章。

需要强调一下，公司法规定，注册公司时，投资人（股东）必须缴纳足额的资本，可以以货币形式（也就是人民币）出资，也可以以实物（如汽车）、房产、知识产权等出资。到银行办的只是货币出资这一部分，如果你有实物、房产等作为出资的，需要到会计师事务所鉴定其价值后再以其实际价值出资。

7. 办理验资报告

拿着银行出具的股东缴款单、银行盖章后的询征函，以及公司章程、核名通知、房租合同、房产证复印件，到会计师事务所办理验资报告。

8. 注册公司

到工商局领取公司设立登记的各种表格，包括设立登记申请表、股东（发起人）名单、董事经理监理情况、法人代表登记表、指定代表或委托代理人登记表。填好后，连同核名通知、公司章程、房租合同、房产证复印件、验资报告一起交给工商局。大概三个工作日后可领取执照。

9. 凭营业执照到公安局指定的刻章社刻公章、财务章。后面步骤中，均需要用到公章或财务章。

10. 办理企业组织机构代码证

凭营业执照到技术监督局办理组织机构代码证。办证用时约半个月，技术监督局会首先发一个预先受理代码证明文件，凭这个文件就可以办理后面的税务登记证、银行基本户开户手续了。

11. 开立银行基本户

凭营业执照、组织机构代码证，去银行开立基本账号。开立基本账户需要填写银行的相关表格，并需要出示相关证件，如营业执照正本原件、身份证、组织机构代码证、公司账务章、法人章。与此同时，开立基本账户时，还需要购买一个密码器（从 2005 年下半年起，大多银行都有这个规定）。今后你的公司开支票、划款时，都需要使用密码器来生成密码。

12. 办理税务登记

领取执照后，30 日内到当地税务局申请领取税务登记证。一般的公司都需要办理两种税务登记证，即国税和地税。

办理税务登记证时，必须有一个会计，因为税务局要求提交的资料其中有一项是会计资格证和身份证。

13. 申请领购发票

如果你的公司是销售商品的，应该到国税去申请发票，如果是服务性质的公司，则到地税申领发票。最后就可以营业了。

特别强调一下：每个月需按时向税务部门申报税收，即使没有开展业务不需要缴税，也要进行零申报，否则会被罚款的。

综 合 测 试

测试你创业的基本功课

1. 你在哪一种条件下，会决定创业（　　）。

    A. 等有了一定工作经验以后　　　　B. 等有了一定经济实力以后

    C. 等找到天使或风险投资以后　　　D. 现在就创业，尽管自己口袋里没有几个钱

    E. 一边工作一边琢磨，等想法成熟了就创业

2. 你认为创业成功的关键是（　　）。

    A. 资金实力　　　　　　B. Good idea　　　　　　C. 优秀团队

D. 政府资源和社会关系　　　E. 专利技术

3. 以下选项中,(　　)是创业公司生存的必要因素。

A. 高度的灵活性　　　　B. 严格的成本控制　　　C. 可复制性

D. 可扩展性　　　　　　E. 健康的现金流

4. 开始创业后你立刻做的第一件事情是(　　)。

A. 找钱、找风险投资项目　B. 撰写商业计划书　　C. 物色创业伙伴

D. 着手研发产品　　　　E. 选择办公地点

5. 创业公司应该(　　)。

A. 低调埋头苦干　　　　B. 努力到处自我宣传

C. 看情况顺其自然　　　D. 借别人的势进行联合推广

6. 招聘员工时最重要的是(　　)。

A. 学历高低　　　　　　B. 朋友推荐

C. 成本高低　　　　　　D. 工作经验

7. 产品进入市场的最佳策略是(　　)。

A. 价格低廉　　　　　　B. 广告投入

C. 口碑营销　　　　　　D. 品质过硬

8. 和投资人交流最有效的方式是(　　)。

A. 出色的现场 PPT 演示　B. 详细的商业计划书和财务预测

C. 样品当场测试　　　　D. 有朋友的介绍和引荐

E. 通过财务顾问的代理

9. 选择投资人的关键因素是(　　)。

A. 对方是一个知名投资机构　B. 投资方和团队不设对赌条款

C. 谁估值高就拿谁的钱　　D. 谁出钱快就拿谁的钱

E. 只要能融到钱,谁都一样

10. 你认为以下选项中,(　　)是风险投资决策中最重要的因素。

A. 商业模式　　　　　　B. 定位　　　　　　C. 团队

D. 现金流　　　　　　　E. 销售合约

11. 从哪句话里可以知道风险投资其实对你的公司并没有实际兴趣(　　)。

A．"我们有兴趣，但是最近太忙，做不了此项目"

B．"你们的项目还偏早一些，我们还要观察一段时间"

C．"你们如果找到领投的风险投资，我们可以考虑跟投一些"

D．"我们对这个行业不熟悉，不敢投"

E．上面任何一句话

12．创业团队拥有51%的股份就绝对控制了公司吗？（　　　）。

A．正确　　　　　　　　　B．错误

13．创业公司的CEO，首要的工作责任是（　　　）。

A．制定公司的远景规划　　B．销售、销售、销售　　C．人性化的管理

D．领导研发团队　　　　　E．搞进投资人的钱来

14．凝聚创业团队的最好办法是（　　　）。

A．期权　　　　　　　　　B．公司文化　　　　　　C．CEO的魅力

D．工资和福利　　　　　　E．团队的激情

15．创业公司的财务预测中最重要的是（　　　）。

A．销售增长　　　　　　　B．毛利率

C．成本分析　　　　　　　D．资产负债表

16．创业公司的日常运营中，以下工作最重要的是（　　　）。

A．会议记录的及时存档　　B．业绩指标的合理安排和及时跟踪

C．团队的经常性培训　　　D．奖惩制度

E．管理流程的ISO9000认证

17．创业公司的日常运营中，最棘手的问题是（　　　）。

A．人的管理　　　　　　　B．销售增长　　　　　　C．研发的速度

D．资金到位情况　　　　　E．扩张力度

18．创业公司产品市场推广效果的衡量标准是（　　　）。

A．广告投入量和覆盖面　　B．营销推广的精准程度

C．产品出色的品质保证　　D．广告投入和产出比例

E．产品价格的打折力度　　F．品牌的市场渗透率

19．防止竞争的最有效手段是（　　　）。

A．专利 　　　　　　B．产品包装 　　　　　C．质量检查

D．不断研发新产品 　　　E．比竞争对手更快地占领市场

20．创业公司的第一个大客户竟然是个土财主，你会（ 　　 ）。

A．一视同仁地对他提供你公司的标准服务

B．指导他如何来积极配合你的工作

C．修理他，给他些颜色看看是为了他的提高

D．提供全面服务 ＋ 免费成长辅导

21．你认为创业公司中的最大风险是（ 　　 ）。

A．市场的变化 　　　　B．融资的成败 　　　　C．产品研发的速度

D．CEO 的个人能力和素质 　　E．决策机制的合理性

22．当创业公司账上的现金低于三个月的时候，应该采取的措施是（ 　　 ）。

A．立刻启动股权融资

B．通知现有公司股东追加投资

C．立刻大幅削减运营成本，包括裁员

D．打电话给银行请求贷款

E．把自己的存折和密码交给公司会计

23．创始人之间发生矛盾时，你会（ 　　 ）。

A．坚持原则，据理力争 　　　B．决定离开，另起炉灶

C．委曲求全，弃异求同 　　　D．引入新人，控制局势

24．投资创业公司的理想退出方式是（ 　　 ）。

A．上市 　　B．被收购 　　C．团队回购 　　D．高额分红 　　E．以上都是

【试卷答案】

1．D 　2．C 　3．E 　4．D 　5．B 　6．D 　7．D 　8．C

9．E 　10．C 　11．E 　12．B 　13．B 　14．B 　15．A 　16．B

17．A 　18．D 　19．E 　20．D 　21．D 　22．C 　223．C 　24．E

如果你的得分是 1～8 分：还不具备创业的基本知识，不要冒然创业。

如果你的得分是 9～16 分：游走在创业的梦想和现实之间，继续打磨打磨吧。

如果你的得分是 17～24 分：已经做好了创业的基本准备，大胆往前走。

后记

　　《学生就业创业指导与训练》是北京市商业学校综合职业素养训练系列教材的一部分。教材遵循职校学生成长规律，贴近社会和企业的用人需求，贴近学生的实际，立足于促进学生在未来社会环境健康可持续发展，安排了就业准备、初入职场、职业发展和创业导航四个部分内容。帮助学生了解就业形势，熟悉就业政策，了解社会和职业状况，了解就业素质要求，熟悉职业规范，认识自我个性特点，提高就业竞争意识和依法维权意识，激发全面提高自身素质的积极性和自觉性，养成良好的职业道德；指导学生掌握就业与创业的基本途径和方法，正确对待现实生活中的就业准备、初入职场、职场发展和自主创业等阶段可能遇到的问题，形成正确的就业观，提高就业竞争力及创业素质，成为具有较强责任感和良好职业素养的合格职业人。

　　教材资料丰富，定位准确，汇集、设计了针对性、互动性、体验性较强的训练活动36个，涉及企业用人和学生职场发展的案例超过100例。通过体验、互动、参与等训练活动，指导和训练学生提前着手准备，有序地投入与体验，在职业选择、职业发展方面能够少风险而多成就，少弯路而多进步。

　　参与本教材编写的人员有：孙明利、刘相俊、刘影、张骞、李娅、楚延香、于飞、于艳萍、许音旋、高海明、余红霞、王欣。

　　由于编写时间仓促和我们理论水平有限，书中可能会有许多不尽如人意的地方，我们会不断丰富、深化和完善教材的内容。